Henryk M. Broder

Ich liebe Karstadt und andere Lobreden

Ölbaum-Verlag

Printed in Germany 1987
Satz: Fotosatz Weihrauch, Würzburg
Druck: Presse-Druck Augsburg
Buchbinder: Thomas-Binderei, Augsburg
Umschlaggestaltung: Daniel Sulzer
Titelfoto: Eberhard Tschepe
Ölbaum-Verlag, Henisiusstraße 1, 8900 Augsburg

ISBN: 3-9800983-8-9

Inhalt

Heimat? Nein danke!

Fange ich an, mich mit einem Thema zu beschäftigen, das für mich neu ist, schaue ich gewöhnlich als erstes im Lexikon unter dem dazugehörigen Begriff nach: »Heimat – subjektiv von einzelnen Menschen oder kollektiv von Gruppen, Stämmen, Völkern, Nationen, erlebte territoriale Einheit, zu der ein Gefühl besonders enger Verbundenheit besteht« – lese ich in Mayers großem Taschenlexikon. Das Nachschlagewerk führt auch einige Varianten und Kombinationen von Heimat auf, z.B. die Heimatkunst, das Heimatmuseum, den Heimatschein – eine Besonderheit des Schweizer Gemeinderechts –, die heimatlosen Ausländer, die offenbar gleich doppelt geschlagen sind, nämlich zuerst als Ausländer und dazu noch als Heimatlose, die Heimatschutztruppe, eine Unterabteilung des Territorialheers der Bundeswehr, welche im Ernstfall die Heimat beschützen soll, woraus sich fast automatisch die Frage ergibt, worin denn die Aufgabe der restlichen Armee besteht, wenn der Kriegsfall per se als Verteidigungsfall angenommen wird.

Schon eine erste flüchtige Annäherung an den Begriff Heimat bereitet Schwierigkeiten, führt eher auf das weite Feld der Vieldeutigkeit als zur gewünschten Klarheit. Mir kommt das Wort mitsamt seinem Hintergrund suspekt vor. Es hat etwas Muffiges, Kleinkariertes, Abgestandenes an sich, es riecht nach Bauernstube, selbstgebranntem Schnaps und Kuhstall. Ich assoziiere, ob ich will oder nicht, Trachtenkleidung, Fachwerk und Schützenfest, ich habe also einen ländlichen Begriff von Heimat. Das mag – objektiv – verkehrt sein, aber eine zufällige Gedankenverbindung ist es nicht. Ich reproduziere Bilder und Eindrücke, die mir *von* Heimat, die mir *als* Heimat vermittelt worden sind.

Es kommt nicht von ungefähr, daß Heimatkunst und Heimatdichtung keine Kinder von Großstädten und Metropolen sind, daß schon die Worte so robust und naturhaft klingen wie Hausschlachtung und freiwillige Feuerwehr. Und wenn mal die Rede von einem Berliner oder Münchner Heimatdichter ist, dann soll nicht die urbane Herkunft des Betreffenden betont, sondern der eher zufällige Umstand, daß er in einer Großstadt lebt, auf die Mundart, den Dialekt, in dem er schreibt, oder das Viertel, in dem er lebt, aufs Überschaubare also, reduziert werden. Insofern ist ein großstädtischer Heimatkünstler ein Widerspruch in sich selbst und zugleich der Versuch, einer Umgebung, die mit Dekadenz und Entfremdung assoziiert wird, etwas Heimeliges aufzupfropfen, der Wunsch, auch noch mitten im Asphaltdschungel ein Stück ländliche Idylle entdecken zu können.

Ob es die Chronik von Edgar Reitz ist oder die Schwarzwaldklinik, in jedem Falle wird das Gefühl von Heimat, wie verschieden es sich auch mitteilen mag, dadurch vermittelt, daß die handelnden Personen sich aus der und über die Umgebung her definieren, in der sie gezeigt werden. Es hat sie nicht zufällig dahin verschlagen, und wenn, dann wollen sie dazugehören, angenommen werden. Sie sind auch nicht der besseren Lebensbedingungen wegen hingezogen, im Gegenteil, sie haben der Heimat die Treue gehalten, oft Last und Mühsal auf sich genommen, um nicht heimatflüchtig zu werden. Dabei kann man das

Heimatgefühl mit der Puppe in der Puppe in der Puppe vergleichen, es läßt sich in immer kleinere Einheiten zerlegen. Ein Deutscher mag sich in Frankreich verloren vorkommen, ein Rheinländer in Hamburg wie in der Fremde fühlen und ein Kölner, der linksrheinisch aufgewachsen ist, über die rechtsrheinischen Teile der Stadt, die sogenannte Schääl Sick, wie über die erdabgewandte Seite des Mondes sprechen. Ich kenne kaum jemand, der an dem Ort lebt, an dem er geboren wurde. So was mag es geben, aber es dürfte in meiner Umgebung eher die Ausnahme als die Regel sein. So gesehen, würde ich mich unter lauter Heimatlosen und Heimatvertriebenen aufhalten, die allenfalls eine Wahlheimat, eine Heimat zweiter Wahl, für sich reklamieren können.

Ich wurde kurz nach dem Krieg, 1946, in Katowice geboren. Beide Eltern waren in Konzentrationslagern gewesen und gehörten zu den weniger als 10 Prozent aller polnischen Juden, die den sogenannten Holocaust überlebt hatten, ein unglaublicher Zufall, zumal wenn man bedenkt, daß auch meine ältere Schwester davongekommen war, bei einer katholischen polnischen Kleinbürgerfamilie unter Matratzen versteckt. Zwölf Jahre nach Kriegsende, 1957, zog die Familie über Wien in die Bundesrepublik, nur meine Schwester, die damals eine Zionistin war, ging nach Israel. Für mich war der Weggang aus Polen einfach ein Umzug, nicht mehr. Im Alter von elf Jahren hatte ich weder Heimatgefühle noch andere emotionale Bindungen entwickelt. Nur daß ich meinen Hund, einen alten Dackel, der zu irgendwelchen Leuten weggebracht wurde, nicht mitnehmen durfte, bereitete mir Schwierigkeiten und verursachte einen Abschiedsschmerz. Bei meinen Eltern war das ein wenig anders.

Mein Vater stammte aus Galizien, meine Mutter aus Krakau. Beide waren von der Umgebung, in der sie ihre Kindheit verbracht hatten, geprägt worden, er vom Stedtl und sie von der k.u.k. Atmosphäre in den habsburgischen Kolonien. Aber mit dem Krieg war das Stedtl, aus dem mein Vater stammte, verschwunden und Krakau schon lange nicht mehr ein Vorort von Wien.

Dennoch fiel es meinen Eltern nicht ganz leicht, Polen zu verlassen. Der ungebrochene polnische Antisemitismus war dabei eine wichtige Entscheidungshilfe, daß sie nach Deutschland zogen, hatte vor allem sprachliche Gründe. Beide waren mit der deutschen Sprache aufgewachsen und mochten nicht in einem Land leben, in dem sie sich nicht verständigen konnten. In Israel hätte es, mit Polnisch, Russisch, Deutsch und Jiddisch, ebenfalls kein Sprachproblem gegeben, aber das war ein Land irgendwo in Asien, mit einem schrecklichen Klima, und überhaupt, so viele Juden auf einem Fleck, das mußte nicht sein ...

Die ersten Jahre in der Bundesrepublik waren ziemlich problemlos. Ich kann nicht sagen, daß wir eine neue, eine zweite, eine Wahlheimat gefunden hatten, es war und blieb eine Übergangslösung, ein Provisorium unbeschränkter Dauer, aber ich glaube nicht, daß unsere Situation viel anders war als z.B. die einer Familie, die aus Ostpreußen ins Rheinland gekommen war. Zeitweise fühlte ich mich wie auf einem anderen Planeten. Wenn in Köln der Karneval ausbrach, ein Ereignis, das ebenso regelmäßig eintrat wie Ostern und ebenso unabwendbar war, kam ich mir vor wie Captain Cook zu Besuch bei irgendeinem fremden, wilden Stamm, unter all den Eingeborenen, die auf ein Kommando gleichzeitig lustig wurden, wie autistische Kinder stundenlang schunkelten und über Witze lachten, die ich nicht mal verstand. Zur Zeit des Karnevals, vor allem während der sogenannten Tollen Tage, die man in Köln wörtlich nehmen muß, wußte ich: hier bin ich nicht zu Haus, diese Wilden und mich trennen Welten.

Andererseits: Wenn ich von einer Reise nach Köln zurückkam und am Horizont tauchten die Domtürme auf, wenn ich nach einigen Stunden Autobahn über den Rhein fuhr und vor mir lag die Altstadt wie eine Postkarte, kitschig und von weitem schön anzusehen, hatte ich doch das Gefühl, nach Hause zu kommen. Irgendein Nerv wurde berührt, ein Sentiment regte sich. Mit dieser ambivalenten Haltung – ich kehrte gern dahin zurück, wo ich mich gar nicht wohl fühlte – ließ sich leben, zumal Köln über einen wesentlichen geographischen Vorteil verfügt: es liegt nahe an Holland. Und so konnte schon ein Ausflug ins benachbarte Maastricht beide Bedürfnisse befriedigen, den nach Weglaufen und nach Zurückkommen. Das ganze war, ohne daß es mir bewußt wurde, ein in die Wirklichkeit umgesetzter jüdischer Witz, dessen Pointe lautet: »Am schönsten ist es unterwegs«. Ich war, so oft es sich einrichten ließ, unterwegs. Es war nicht einfach Fernweh, das mich umtrieb, sondern die Lust am Ortswechsel, an der Bewegung an sich. Man könnte meinen, dies sei eine typisch jüdische Eigenschaft. Wenn es so etwas wie eine Massenseele gibt, einen Kollektivcharakter, ein Verhaltensmuster, das eine Gruppe von Menschen auszeichnet, dann gehört bei Juden ein nomadischer Zug zum Set gemeinsamer Eigenschaften. Der Auszug aus Ägypten, die vierzigjährige Wanderung durch die Wüste, nehmen im jüdischen Bewußtsein eine zentrale Rolle ein. Das Ereignis wird seit 3000 Jahren alljährlich zum Pessachfest gefeiert, als habe es vor kurzem stattgefunden. Wegziehen, umziehen, auswandern, einen Wohnort aufgeben, einen anderen suchen – das sind für Juden normale Erfahrungen, die sich im Laufe der Geschichte ständig wiederholen. Ahasver, der ewige Jude, irrt immerzu umher. Aber die Vorstellung eines ausgestoßenen, zur ewigen Unruhe und Heimatlosigkeit verdammten Menschen, ist eine nichtjüdische Idee, sie hat ihren Ursprung im Neuen Testament und findet sich seit Beginn des 17. Jahrhunderts in zahlreichen Schriften und Legenden, stilisiert zu einer unheimlichen Figur des Grauens.

Es ist müßig, darüber zu streiten, ob der Charakter die Lebensumstände bestimmt oder die Lebensumstände den Charakter prägen. In jedem Fall haben Juden immer ein ziemlich flexibles Verhältnis zur stationären Existenz gehabt, selbst in Gegenden, in denen sie seit langem ansässig waren. Die Möglichkeit, daß jeden Tag ein Pogrom losbrechen könnte, ließ sie bestimmte Gewohnheiten entwickeln, die der lauernden Gefahr Rechnung trugen. Am besten, alles war mobil. Ein Säckchen Gold oder Diamanten ließ sich leichter mitnehmen als ein Haus oder ein Grundstück. Äußerlichkeiten, die keinen Gebrauchswert hatten, waren nicht wichtig. Ein Bett, ein Schrank, ein Tisch mußten nicht schön, nur praktisch sein. Lernen war wichtig, Essen war wichtig, familiärer Zusammenhalt war wichtig. Der Mangel an ästhetischem Training, dessen Spätfolgen man noch heute in jeder zweiten israelischen Wohnung besichtigen kann, und die Betonung von Fähigkeiten, die man überall ausüben konnte, wie abstraktes Denken und handwerkliches Geschick, waren Ursache und Folge jener Mobilität, die als typisch jüdisch gilt und die als negatives Klischee das Bild des heimat- und wurzellosen Juden, eben des Ahasver, bestimmt. Heimat war nie ein territorialer Begriff.

Heinrich Heine war es, der von einem »portablen Vaterland« sprach. Dazu gehörte die religiöse Überlieferung, die Tradition, die ganze Lebensart. Was die Juden zu ihrer Heimat brauchten, das hatten sie immer mit sich, wenn nötig im Fluchtgepäck. Ob in Lemberg oder auf Long Island, die Kerzen zum Sabbatbeginn wurden immer am Freitagabend entzündet, zu Pessach wurden überall Matzen gegessen und an Jom Kippur wurde gefastet. Der Gedanke, daß zur Heimat auch ein eigenes Stück Land gehört, kam bei Juden erst in der zweiten Hälfte des vorigen Jahrhunderts auf, später als bei anderen Völkern.

»Man gebe uns die Souveränität eines für unsere gerechten Volksbedürfnisse genügenden Stückes der Erdoberfläche, alles andere werden wir selbst besorgen«, schrieb Theodor Herzl 1896 in seiner Schrift »Der Judenstaat – Versuch einer modernen Lösung der Judenfrage«. Nirgendwo war die Ablehnung seiner Ideen so massiv wie im jüdischen Milieu, das sich mit Händen und Füßen dagegen wehrte, aus einer Kulturnation in eine Territorialnation transformiert zu werden. Dabei hatten die Juden mehrere Optionen. Eine orthodoxe Minderheit tat, als hätten Aufklärung und Emanzipation nicht stattgefunden, und bemühte sich, das Leben wie im Ghetto fortzusetzen, auch nachdem die Ghetto-Mauern gefallen waren. Eine säkulare Minderheit sah in der Judenfrage weder eine soziale noch eine religiöse, sondern eine nationale Frage, die mit politischen Mitteln »im Rate der Kulturvölker«, wie Herzl es formulierte, gelöst werden müßte, wozu die zionistische Bewegung dienen sollte. Die Mehrheit der Juden in Deutschland bemühte sich um eine Symbiose zwischen Judentum und Deutschtum, dies waren dann die »deutschen Staatsbürger jüdischen Glaubens«, die sich nur in der Religionspraxis von ihren christlichen Landsleuten unterscheiden wollten. Juden konnten sich also zu Anfang dieses Jahrhunderts in Deutschland zwischen drei Heimatbegriffen entscheiden: dem spirituellen im Sinne des portablen Vaterlandes, dem nationalen im Sinne des Zionismus und dem »symbiotischen« im Sinne der Anpassung.

Welchen Weg die Geschichte genommen hat, ist bekannt. Alle assimilatorischen Bemühungen haben sich als vergeblich erwiesen, der verzweifelte Kampf um Anerkennung als gute Deutsche war nur das Vorspiel zur größten Katastrophe der jüdischen Geschichte.

»Seit mehr denn 1000 Jahren wohnen Juden auf deutschem Boden. Gemeinsame Schicksale und die Anteilnahme am deutschen Geistesleben haben eine innige Verbindung zwischen ihnen und den Andersgläubigen geschaffen. Deutsch ist unsere Sprache, deutsch unsere Geistesbildung, deutsch unsere Kultur. Deutschland ist unser Vaterland, ihm sind die deutschen Juden unlöslich verbunden ...« – mit diesen Sätzen fängt ein Flugblatt an, das Anfang dieses Jahrhunderts von einem antizionistischen Komitee herausgegeben wurde, dem einige Dutzend jüdische Persönlichkeiten – Sanitätsräte, Kommerzienräte, Regierungsräte, Justizräte, Rechtsanwälte, Bankdirektoren und Kaufleute – angehörten. »Die zionistische Bewegung verwechselt das Gemeinschaftsgefühl derer, die durch Abstammung und Glauben geeint sind, mit Nationalgefühl, es gibt für den deutschen Juden kein jüdisches Nationalgefühl, er ist ein Mitglied der deutschen Kulturgemeinschaft und darum ist sein Nationalgefühl deutsch wie seine Sprache. Die zionistische Bewegung hat dagegen ihre Ziele außerhalb des deutschen Vaterlandes und erschüttert dadurch die politische, wirtschaftliche und soziale Stellung der Juden«, heißt es weiter in dem Flugblatt, dessen Unterzeichner »unsere Volksgenossen über den Zionismus . . ., die Gefahr, die für uns und unsere Kinder aus der Betätigung des Zionismus erwächst«, aufklären wollten. Die Schrift schließt mit den Worten: »Wer das Wesen der Nationalität und des Nationalgefühls kennt, weiß, daß der deutsche Jude zum deutschen Volke gehört. Die Liebe zum Vaterland hat uns antisemitisches Unrecht nicht rauben können. Den Kampf um unser gutes Recht wollen wir auch nicht durch zionistische Verhetzung gefährden lassen. Die deutschen Juden kämpfen für das gleiche Recht, weil sie keine Fremdlinge, sondern deutsche Bürger sind – nach Sprache, Kultur, Bildung und Heimatgefühl.«

So war es für diese deutschen Juden ganz klar, wohin sie gehörten, wo ihre Heimat war. Es war ihnen klar, daß die zionistische, »die nationaljüdische Bewegung für die deutschen Juden eine ernste Gefahr« bedeutete und die »Überwindung des Zionismus« eine »Existenzfrage für die deutschen Juden« war. Anfang dieses Jahrhunderts konnten sich die deutschen Juden, die sich dermaßen nachdrücklich zur deutschen Sprache, Kultur und Bildung und zum deutschen Heimatgefühl bekannten, nicht vorstellen, daß ihnen gerade aus diesem Bekenntnis eine existenzielle Gefahr erwachsen würde.

Ein anderes Dokument der deutsch-jüdischen Heimatliebe ist noch erschütternder, versetzt den Leser heute in noch größeres Staunen. Am 30. März 1933, also unmittelbar vor dem NS-Boykott der jüdischen Geschäfte in Deutschland, erschien die C.V.-Zeitung, das offizielle Organ des »Centralvereins deutscher Staatsbürger jüdischen Glaubens e.V.«, mit der Schlagzeile auf Seite 1: »Wir 565 000 deutschen Juden legen feierliche Verwahrung ein«.

Wogegen verwahrten sich die deutschen Juden am 30. März 33? Gegen die sich abzeichnenden Maßnahmen der Nazis gegen die jüdische Bevölkerung im Reich? Die antisemitischen Reden und Drohungen der Parteifunktionäre? Weder noch. Sie verwahrten sich gegen den Vorwurf, die antideutsche Propaganda im Ausland zu fördern.

»Eine zügellose Greuelpropaganda gegen Deutschland tobt in der Welt«, so fängt die feierliche Verwahrung in der CV-Zeitung an, um fortzufahren: »Durch jedes Wort, das gegen unser Vaterland gesprochen und geschrieben wird, durch jeden Boykott-Aufruf, der gegen Deutschland verbreitet wird, sind wir deutschen Juden genauso tief getroffen wie jeder andere Deutsche. Nicht aus Zwang, nicht aus Furcht, sondern weil gewisse ausländische Kreise die Ehre des deutschen Namens lästern, das Land unserer Väter und das Land unserer Kinder schädigen, sind wir ohne Verzug dagegen aufgestanden. Vor dem Inland und dem Ausland haben wir die Lügenmeldungen über Deutschland und die neue Regierung gebrandmarkt . . .«

Und obwohl die deutschen Juden zum Schutze der

deutschen Ehre aufgestanden sind, wurden sie für die antideutsche Propaganda verantwortlich gemacht.

»Man beschuldigt uns, daß die Kampagne des Hasses und der Lügenhetze von den deutschen Juden ausgehe. Bei den deutschen Juden läge es, die Lügner zurechtzuweisen, die deutschen Juden wollten dies aber nicht. Gegen diese ungeheuren Beschuldigungen legen wir 565 000 deutschen Juden vor ganz Deutschland feierliche Verwahrung ein. Die deutschen Juden haben niemanden in Deutschland und in der Welt mittelbar oder unmittelbar zu schändlichen Verleumdungen oder gar zu irgendeiner Handlung gegen Deutschland veranlaßt. Die deutschen Juden haben, soweit sie es vermochten, dagegen sofort das Äußerste getan, um jede Beleidigung des Heimatlandes, jede Beschimpfung der Regierung, jede Schädigung der deutschen Volkswirtschaft unmöglich zu machen.«

Die feierliche Verwahrung schließt mit resignativem Pathos: »Vor Gott und den Menschen stehen wir so gerechtfertigt da. Mit Würde und mit Mut werden wir die mitleidlosen Maßnahmen Deutscher gegen Deutsche auf eigener Heimaterde zu ertragen wissen.«

Das war, noch einmal, am 30. März 1933. Zu dieser Zeit machte den deutschen Juden ihre eigene Zukunft weniger Sorgen als das bedrohte Ansehen ihrer Heimat, zu deren Schutz und Ehrenrettung sie sich erhoben; aber auch die Klügeren und Vorausschauenden unter ihnen waren von einer Heimatliebe erfüllt, die rückblickend wie eine Übung in Psycho-Masochismus anmutet.

Der Hannoveraner Philosoph Theodor Lessing verließ bereits Anfang März 1933 das Deutsche Reich, nachdem er schon seit Jahren von vaterländischen Studenten und der deutschnationalen Presse verunglimpft worden war. Er suchte Zuflucht in der Tschechoslowakei. Dort schrieb er für das Prager Tagblatt und hielt eine Reihe von Reden und Vorträgen, die Mitte des Jahres 1933 in einem deutschsprachigen Prager Verlag erschienen sind. Auch und gerade im Exil bestand Lessing darauf, Deutscher zu sein, auch wenn er den Deutschen, die im Reich gerade das Sagen hatten, die Gemeinsamkeit aufkündigte: »Wenn die Sprache, die heute in Deutschland gesprochen wird, deutsch ist, dann bin ich nie ein Deutscher gewesen. Und ist die Seelenart der heute Führenden deutsche Seele, dann geziemt es sich für mich so wenig wie für Goethe oder Kant, Deutscher zu sein. ›Land, das wir lieben, du sollst uns Abbitte leisten oder nicht einmal unsere Asche haben‹ – so sprach Koriolan, ehe er die Heimat verließ. So verlassen wir, deutsche Juden, die Heimat. Hinter uns keine Heere? Nein! So ist es nicht. Hinter uns die Heerschar der Väter, Abraham, Jakob, Moses. Hinter uns aber auch alle deutschen Schutzgeister. Mit uns ziehen aus Deutschland alle, die Heimat haben in unseren Herzen, und die vielleicht nirgend auf Erden noch Wohnung hätten, wenn nicht in uns: Goethes weltweise klare Menschlichkeit. Schuberts tröstendes Lied, Dürers treue Kindlichkeit, Hölderlins hymnische Seligkeit ...«

Die Schutzgeister, die Lessing hinter sich glaubte, müssen zu Haus geblieben sein. Er wurde am 31. August 1933 in Marienbad von zwei gedungenen NS-Schergen ermordet, die nicht Goethes Menschlichkeit und Hölderlins Seligkeit im Sinn hatten, sondern das von den Nazis auf Lessing ausgesetzte Kopfgeld – 80 000 Reichsmark. Lessing wurde das erste Feme-Opfer der Nazis nach der Machtergreifung, seine Bücher waren schon im Mai 1933, beim großen Saubermachen, verbrannt worden.

Dennoch darf nicht angenommen werden, die deutschen Juden seien erst mit dem Anbruch des Dritten Reiches in eine Identitätskrise gestürzt worden. Und hätten erst im Jahre 1933, unter dem Zeichen des Hakenkreuzes angefangen, sich Gedanken über ihr Verhältnis zur deutschen Heimat zu machen. Was von vielen heute als die Zeit der deutsch-jüdischen Symbiose verklärt wird, war eine sehr einseitige Liebesbeziehung. »Gewiß, die Juden haben ein Gespräch mit den Deutschen versucht«, schreibt Gerschom Scholem, »von allen möglichen Gesichtspunkten und Standorten her, fordernd, flehend und beschwörend, kriecherisch und auftrotzend, in allen Tonarten ergreifender Würde und gottverlassener Würdelosigkeit ...« – aber: »Sie sprachen zu sich selber, um nicht zu sagen: sie überschrien sich selbst.« – Die einzigen, welche die Juden als Gesprächspartner ernst genommen hätten, bemerkt Scholem zynisch aber zutreffend, seien die Antisemiten gewesen, »die zwar den Juden etwas erwiderten, aber nichts Förderliches«. – Die deutsch-jüdische Literatur bietet zahlreiche Zeugnisse für dieses jüdische Selbstgespräch, dem die Deutschen bestenfalls als stumme Zuhörer beiwohnten. Eines der ergreifendsten Beispiele findet sich in Jakob Wassermanns Schrift »Mein Weg als Deutscher und Jude«:

»Bei der Erkenntnis der Aussichtslosigkeit der Bemühung wird die Bitterkeit in der Brust zum tödlichen Krampf.

Es ist vergeblich, das Volk der Dichter und Denker im Namen seiner Dichter und Denker zu beschwören. Jedes

Vorurteil, das man abgetan glaubt, bringt, wie Aas die Würmer, tausend neue zutage.

Es ist vergeblich, die rechte Wange hinzuhalten, wenn die linke geschlagen worden ist. Es macht sie nicht im mindesten bedenklich, es rührt sie nicht, es entwaffnet sie nicht: sie schlagen auch die rechte.

Es ist vergeblich, in das tobsüchtige Geschrei Worte der Vernunft zu werfen. Sie sagen: was, er wagt es aufzumukken? Stopft ihm das Maul.

Es ist vergeblich, beispielschaffend zu wirken. Sie sagen: wir wissen nichts, wir haben nichts gesehen, wir haben nichts gehört.

Es ist vergeblich, die Verborgenheit zu suchen. Sie sagen: der Feigling, er verkriecht sich, sein schlechtes Gewissen treibt ihn dazu.

Es ist vergeblich, unter sie zu gehen und ihnen die Hand zu bieten. Sie sagen: was nimmt er sich heraus mit seiner jüdischen Aufdringlichkeit?

Es ist vergeblich, ihnen Treue zu halten, sei es als Mitkämpfer, sei es als Mitbürger. Sie sagen: er ist der Proteus, er kann eben alles.

Es ist vergeblich, ihnen zu helfen, Sklavenketten von den Gliedern zu streifen. Sie sagen: er wird seinen Profit schon dabei gemacht haben.

Es ist vergeblich, das Gift zu entgiften. Sie brauen frisches.

Es ist vergeblich, für sie zu leben und für sie zu sterben. Sie sagen: er ist ein Jude«.

Wassermanns »Mein Weg als Deutscher und Jude« erschien im Jahre 1921, zu einer Zeit, da die meisten Juden fest daran glaubten, sie würden als deutsche Staatsbürger jüdischen Glaubens akzeptiert werden. Seit 1848 hatten sich Juden zunehmend am politischen Geschehen in Deutschland beteiligt und viele hatten es zu hohen und höchsten Ämtern gebracht, wie z.B. der von Kaiser Friedrich geadelte Eduard von Simson, der nacheinander der Präsident der Nationalversammlung von 1848, des Norddeutschen Reichstages von 1867, des Deutschen Reichstages und auch der erste Präsident des obersten deutschen Gerichts in Leipzig wurde. Manche wurden, in all ihrer Hingabe zur deutschen Heimat, tragische Gestalten.

Der Jude Alfred Ballin, Berater von Wilhelm II. und Förderer der kaiserlichen Flottenbaupolitik, beging im Jahre 1918 aus Verzweiflung über Deutschlands Niederlage im Ersten Weltkrieg Selbstmord; der Jude Walther Rathenau, der während des Krieges die Rohstoffversorgung Deutschlands organisiert hatte und nach dem Krieg die Republik als Außenminister vertrat, wurde 1922 von deutschnationalen Attentätern ermordet; und es war ein Jude, der Staatsrechtler Hugo Preuß, der die Grundzüge der Weimarer Verfassung entworfen hatte. Und dennoch: ein so erfolgreicher deutscher Schriftsteller wie Wassermann resümierte seine Erfahrungen im Umgang mit dem Volk der Dichter und Denker in dem resignativen Satz: »Es ist vergeblich, für sie zu leben und für sie zu sterben. Sie sagen: Er ist ein Jude.«

Wassermann war, mitten in Deutschland, ein heimatloser Inländer. Er sprach deutsch, schrieb deutsch, dachte deutsch und trotzdem war da eine Barriere zwischen ihm und dem Rest des deutschen Volkes. Dies mag eine Erfahrung sein, die besonders oft und besonders intensiv von Juden gemacht wird, aber eine exklusiv jüdische Erfahrung ist es nicht. Wenn z.B. von heimatlosen Intellektuellen oder von der heimatlosen Linken die Rede ist, dann sind damit nicht Menschen gemeint, die keinen festen Wohnsitz haben, unter Brücken schlafen und übers Land vagabundieren. Es sind Menschen gemeint, die nicht dazu gehören, wobei über die Dazugehörigkeit jeweils jene entscheiden, die in der Heimat das Sagen haben. Abseits aller Versuche, Heimat territorial zu definieren, sie zu einem landsmannschaftlichen Charakteristikum zu machen, bezeichnet Heimat ein ideologisches Areal, einen seelischen Zustand, eine geistige Kongruenz, kurzum – eine Gemeinschaft der Gleichgesinnten. Daraus folgt: wo es eine Heimat gibt, da muß es auch Heimatlose geben. Nicht Vertriebene, die ihre Mundart und ihre Folklore pflegen, sondern Konsensverweigerer, die in die Gemeinschaft der Gleichgesinnten nicht aufgenommen oder aus ihr verstoßen werden.

Heimat ist immer restriktiv. Sie grenzt ein, also grenzt sie aus. Heimat braucht nicht nur klare, sondern auch überschaubare Verhältnisse. Deswegen wird Heimat beinah automatisch mit Land, Dorf und Kleinstadt identifiziert, mit Moral und Anstand und mit einem Beziehungsgeflecht, in dem jeder jeden kennt, wo niemand aus der Reihe noch aus der Rolle tanzt, wo es die stärkste Gruppenkohärenz gibt. Großstadt dagegen steht für Dekadenz und Durcheinander, für Anonymität und Individualität und vor allem: für Pluralität. Randfiguren und Außenseiter, die auf dem Lande keine Chance hätten, können in der Großstadt leben und überleben. Je urbaner eine Metropole, um so pluralistischer ist sie, das heißt aber auch, desto stärker die Bedrohung, die sie auf harmoniebedürftige, heimatsüchtige Gemüter ausübt.

Im Klappentext zu Faßbinders Müll-Stück schreibt der Dramaturg Heiner Müller folgendes: »Faßbinders ›Der Müll, die Stadt und der Tod‹ beschreibt in großen grellen Bildern am Beispiel der Rache eines Opfers die Verwüstung einer Stadt. Die Stadt heißt Frankfurt. Das Instrument der Rache ist die Grundstücksspekulation mit ihren Folgen. Die Pervertierung menschlicher Beziehungen durch ihren Waren-Charakter belegt die biblische Weisheit, daß der erste Brudermörder, Kain, der erste Städtebauer war ...«

Das ist ebenso prätentiös wie wirr, und auch als biblische Metapher stimmt es nur bedingt. Aber es klingt wie eine Prophezeiung: Wer seinen Bruder mordet, der ist auch imstande und baut eine Stadt. In diesen wenigen Sätzen wird ein ganzes Panorama an Blut-und-Boden-Mythen in zeitgemäßer Verkleidung präsentiert, die Geschichte sozusagen von hinten aufgerollt: Städtebau pervertiert menschliche Beziehungen, die Spekulation ist ein Instrument der Rache, und Rache, das weiß man, hat was mit Juden und Altem Testament zu tun. So kommt eine biblische Weisheit zur anderen.

Die Bezüge sind klar. Auch in der klassischen antisemitischen Propaganda war die Stadt immer ein jüdisches Monster, das Dorf hingegen die arische Unschuld. Hier war der Sumpf und dort der Acker.

1981 erschien in einem Hamburger Verlag das Buch eines nicht mehr ganz jungen Schriftstellers, der sich mal als »schreibender Kulturarbeiter«, mal als »National-Kommunist« seinen Lesern vorstellt. Das Buch hieß »Deutschland – Versuch einer Heimkehr«; auf dem Titelblatt war eine Zeichnung zu sehen, die eine Bauernstube in schönen, warmen Pastell-Tönen zeigte. Der Autor hat, sagt uns der Klappentext, eine »unheimlich glückliche Kindheit unter Hitler« gehabt, später in Frankfurt, Berlin und Hamburg gelebt. Die Titelzeichnung kann sich, wenn überhaupt, nur auf die Zeit der Kindheit beziehen. Aber was soll der Titel »Deutschland – Versuch einer Heimkehr« bedeuten?

Der Verfasser ist kein Heimkehrer aus Gefangenschaft, Emigration oder Verbannung. Er ist nicht zur See gefahren, hat nicht im Ausland gelebt, Deutschland nie den Rücken gekehrt. Er kann, im physischen Sinne, gar nicht heimkehren. Es kann nur etwas anderes gemeint sein: die Rückkehr in den Schoß eines größeren Ganzen, nennen wir es Volksgemeinschaft, eines Kollektivs, aus dem sich der Autor aufgrund seiner politischen Orientierung vorübergehend ausgeschlossen hat. Und diese Rückkehr, Heimkehr genannt, erfolgt durch eine symbolische Tür, über der das Schild »Heimatliebe« hängt. Dementsprechend teilt uns der Klappentext mit, es handle sich um ein Lesebuch, »das die Spannung riskiert zwischen Liebe zur Heimat und dem Schrecken, den sie einmal verbreitet hat und noch immer verbreitet«.

Heimatliebe als eine Art Geisterbahn also. Man gruselt sich ein wenig, mag aber das Erlebnis nicht missen. So ganz vorbehaltlos will sich der literarische Spätheimkehrer zur Heimatliebe nicht bekennen, er hinterfragt kritisch seine Ambivalenzen, am Ende der Übung sagt er sich dann: Ja, doch, warum eigentlich nicht? So dient »Heimatliebe« als die Formel, auf die sich die Angehörigen der Volksgemeinschaft als gemeinsames Element einigen können, ein kleinster gemeinsamer Nenner der kollektiven Identität. Da Heimatliebe, wie auch der eben zitierte Autor versichert, eine »Seelenverfassung« ist, geht es darum, diesen Zustand mit möglichst vielen Angehörigen der Nation Familie zu teilen. Denn im Gegensatz zum Nationalbewußtsein oder gar Nationalismus ist

Heimatliebe nicht diskreditiert, sondern eine harmlose Regung. Man liebt seine Heimat wie man seine Familie, seine Sprache, seinen Garten und seine Haustiere liebt. Aber auch diejenigen, die so argumentieren, geben gelegentlich zu, daß es bei der Heimatliebe um mehr geht. »Ich bin als Deutscher heimatlos genug«, schreibt ein junger linker Autor, der nicht seine äußere, sondern innere Heimatlosigkeit beklagt, »um eine Aufgabe darin zu sehen, gerade im Gegenteil Wurzeln zu schlagen, Vermittlungen zu versuchen mit der deutschen Geschichte, sei es auch die schlimmste aller möglichen, und zugleich damit« – Achtung! Aufgepaßt! – »Mit der schweigenden Mehrheit der Deutschen, an die wir sonst in 100 Jahren noch nicht herankommen werden . . .« – das bedeutet im Klartext, die Wiederentdeckung der Heimat als einer Seelenverfassung stellt die Verbindung zwischen heimatloser linker und schweigender Mehrheit her, ist Heimkehr und Brückenschlag zugleich, nachdem alle anderen Annäherungsversuche, z.B. Aufrufe zum Sozialismus, für Abrüstung oder Einsatz in Nicaragua, sich als erfolglos erwiesen haben. Man könnte auch sagen: wo der Appell ans Klassenbewußtsein oder die internationale Solidarität versagt hat, kommt die Heimatliebe als Ultima Ratio zum Einsatz.

Wo es eine Heimat gibt, muß es auch Heimatlose geben, Menschen, denen die Zugehörigkeit verweigert wird oder die auf die Zugehörigkeit verzichten – nicht die Zugehörigkeit zur Sprache, Kultur oder derselben Steuerklasse, sondern zu eben jener diffusen Mischung aus Anmache, Sentimentalität und Aggressivität, die sich in der Heimatliebe amalgamiert. Derselbe Autor, der die Annäherung an die schweigende Mehrheit mit Hilfe eben dieses Instruments versuchen wollte, hat im selben Zusammenhang erklärt, was ihn »an Henryk Broder oder Lea Fleischmann so subtil gezielt geärgert hat«, nämlich daß sie, also Broder und Fleischmann, »den historischen Spieß umdrehen und nun uns ausschließen, als die, mit denen eben nichts zu machen ist«.

Das ist eine Offenbarung von lobenswerter Eindeutigkeit. Der historische Spieß zeigt in die richtige Richtung, wenn die Juden von den Deutschen ausgegrenzt werden, wie es sich gehört, aber es wird als ein Stück besonderer Chuzpe empfunden, wenn das Spiel mal andersrum läuft, wenn es die Juden sind, die sich von den Deutschen separieren. So was darfs nicht geben, quod licet jovi non licet bovi. Ein junger deutscher Linker wird sich eher bei der schweigenden Mehrheit, die von ihm nichts wissen will, anbiedern, als daß er ein paar Juden erlaubt, den historischen Spieß umzudrehen und einmal das zu tun, was sie schon immer hinnehmen mußten.

Je länger ich mich nun mit diesem Begriff – Heimat – beschäftige, um so obskurer kommt er mir vor. Ich nehme es wirklich keinem übel, wenn er den Wellenschlag der Nordsee liebt oder den Geruch des Waldes nach einem Gewitter. Darum geht es nicht. Aber die da, plötzlich und unerwartet, ihre Liebe zur Heimat entdecken, kommen mir vor wie die Aktionäre an einem Unternehmen, die sich Vorzugsaktien zuteilen und dies mit einer unbändigen Liebe zum Börsengeschäft begründen – zu einem Zeitpunkt, da eben diese Aktien im Aufwind sind. Die Heimatliebe ist, zuerst und vor allem, ein Mittel zur Herstellung und Erhaltung der Volksgemeinschaft, zur Überbrückung von Gegensätzen und Eindämmung von Konflikten. Daß auch ausgerechnet jene, die sich bis vor kurzem mit der Analyse gesellschaftlicher Verhältnisse beschäftigen, nun auf das Gebiet der Heimatliebe überwechseln, gehört zu den Kuriosa der Wendezeit und disqualifiziert die Übungen in klassenloser Gesellschaft und proletarischem Internationalismus nachträglich zu Pausenfüllern der revolutionären Kleinkunst.

Ich weiß nicht, wann es begonnen und wer damit angefangen hat, irgendwann im Laufe der »Wir-sind-wieder-wer«-Bewegung wurde die nationale Frage auch im sog. fortschrittlichen Lager gestellt, man dürfe, hieß es, Begriffe wie Nation, Heimat, Volk nicht der Rechten überlassen, auch die Linke bzw. der Teil der Gesellschaft, der sich dafür hält, müsse diese Formeln mit Inhalt füllen. (Zu dieser Zeit waren die Debatten darüber, ob man eine alternative Bild-Zeitung machen könnte, bereits vergessen.) Nur weil die Nazis mit dieser Terminologie Mißbrauch getrieben, sie für ihre Zwecke vernutzt haben, hieß es weiter, könne man doch »Volk« oder »Heimat« nicht aus dem politischen Wörterbuch streichen. Was sich im ersten Moment ganz plausibel anhörte, führte sehr bald zu einer neuen Form von Verdrängung und Rechtfertigung. Dem rechten Gerede von der Sechs-Millionen-Lüge, dem Wunsch aus dem historischen Schatten der Leichenberge von Ausschwitz zu treten, entsprach das linke Bemühen, die Last der Geschichte durch eine Art Umschuldung loszuwerden.

»Die Überwindung unserer deutschen Vergangenheit besteht in der Solidarität mit den Palästinensern!« – Auf diese knappe Formel brachte ein junger deutscher Linker seinen Versuch, wie er es nannte, sich »aus der deutschen Geschichte fortzustehlen«. Die eine Strategie wie die andere diente der Versöhnung mit sich selbst, der Wiederherstellung einer »Seelenverfassung«, in der nicht nur die Worte Heimat, Volk, Nation ohne Scham und Scheu ausgesprochen werden konnten, sondern auch der dazugehörige geschichtliche Abschnitt rehabilitiert werden sollte. Und wie immer, wenn in Deutschland die nationale Frage gestellt wurde, kam man bei der Beantwortung auf die Juden zu sprechen, die der »Wiedergutwerdung der Deutschen«, wie es Eike Geisel nennt, selbst als Schatten ihrer selbst noch im Wege stehen. Die deutsche Selbstfindung hat sich immer der Juden als eines emotionalen Katalysators bedient und sie tut es nach wie vor.

Der von Kanzler Kohl reklamierten Gnade der späten Geburt entspricht auf der anderen Seite des politischen Spektrums die einseitige Deklaration des Frankfurter Schauspielhauses im Zusammenhang mit der Aufführung des Faßbinder-Stücks, daß »Versöhnung sein soll und muß«; worauf den Juden, die sich daraufhin weigerten, zur Versöhnung anzutreten, der Vorwurf gemacht wurde, sie würden die ihnen entgegengestreckte Hand zurückweisen. Die Forderung des Abgeordneten Fellner, die Juden sollten mehr Verständnis für die Empfindlichkeiten der Deutschen zeigen und nicht immer wieder mit Forderungen kommen, findet ihr Gegenstück in dem Zwischenruf eines Frankfurter Theaterbesuchers an die Adresse der jüdischen Bühnenbesetzer: »Kommen sie doch nicht immer wieder mit ihrem Auschwitz!« Der einfältige Kalauer eines rheinischen Bürgermeisters, man müßte zum Ausgleich des Gemeindedefizits ein paar reiche Juden erschlagen, wird, auf einer wesentlich höheren intellektuellen Ebene, von einem bekannten liberalen Theaterkritiker variiert, der die Rolle des jüdischen Kapitals entlarvt sehen möchte. Und die Forderung einer Gruppe innerhalb der Berliner Alternativen Liste, man solle gegen den Besuch des israelischen Ministerpräsidenten Peres demonstrieren, dies sei »zur Herstellung der deutschen Identität« wichtig, nimmt eine alte Tradition auf:

Juden eigneten sich immer am besten dazu, den Deutschen das Gefühl von Einheit und Geschlossenheit zu vermitteln. Auch die alternative Identität ist noch auf dieses Vehikel angewiesen. Die im deutschnationalen Milieu übliche Praxis, Auschwitz, falls es überhaupt anerkannt wird, gegen die »Kriegsverbrechen der Alliierten« aufzurechnen, wird im linken Milieu um die Feststellung ergänzt, die Israelis würden heute den Palästinensern dasselbe antun, was die Nazis früher den Juden angetan haben, weswegen gerne von einer »Endlösung der Palästinenserfrage« gesprochen wird. Womit aus den Opfern von gestern die Täter von heute werden und aus den Tätern von gestern die moralisierenden Linienrichter von heute. Dies ist, was Jürgen Habermas »die Entsorgung der Vergangenheit« nennt.

Und jener bereits erwähnte literarische Spätheimkehrer hat kürzlich in einer Besprechung meines Buches »Der ewige Antisemit« geschrieben, man dürfe mir den Mangel an wissenschaftlicher Gediegenheit nicht zu übel nehmen, denn man müsse sich fragen, wie denn das deutsche »Revanchefoul ausgefallen wäre, gesetzt, Juden hätten sechs Millionen unschuldige Deutsche umgebracht«. Man liest diesen Satz, stutzt, liest ihn noch einmal und sieht, man hat sich nicht getäuscht. Da haben die Deutschen ein paar Millionen Juden umgebracht, und vierzig Jahre später schreibt ein Jude ein Buch über den deutschen Antisemitismus. Dies ist nicht nur die Revanche, entstanden aus dem bekannten alttestamentarischen Rachegeist, es ist ein Revanchefoul, ein unfairer, gemeiner Tritt unter die Gürtellinie, gegen alle Regeln des sportlichen Anstands. Sechs Millionen Tote gegen ein Buch.

Der Volksgenosse vom linksnationalen Rand der Heimatbühne hält es für den puren Zufall der Geschichte, daß es die Deutschen waren, welche die Juden umgebracht haben, es hätte, meint er, genauso gut andersrum sein können. Was wäre, wenn die Juden sechs Millionen unschuldige Deutsche umgebracht hätten, fragt er, wie würden wir, die Deutschen, uns hinterher verhalten?

Ich kann darauf gerne eine Antwort geben. Wenn schon das beliebte Spiel der Vergleichbarkeit des Unvergleichbaren gespielt wird, dann soll es wenigstens konsequent bis zum Ende gedacht werden. Wäre also die Geschichte nicht so verlaufen, wie sie verlaufen ist, sondern umgekehrt, hätten die Juden einen Holocaust an den Deutschen unternommen, dann gäbe es auch 40 Jahre nach der versuchten Endlösung der Deutschenfrage weder politische noch menschliche Beziehungen zwischen Deutschen und Juden. Dann dürfte kein Jude deutschen Boden betreten und kein Deutscher würde sich von einem Juden den Satz gefallen lassen, daß Versöhnung sein soll und muß. Dann würden die Deutschen keinem Juden die Gnade der späten Geburt als mildernden Umstand anrechnen und sie würden keinem Juden erlauben, ihnen Ratschläge zu geben, wie sie, die Deutschen, sich ihren Minderheiten gegenüber zu verhalten hätten. Dann gäbe es keine Debatten über Kollektivschuld, Kollektivscham, Kollektivverantwortung, dann würde jeder Jude haften für das, was passiert ist und kein vatikanisches Konzil würde die Juden nach zweitausend Jahren freisprechen. Kein jüdisches Theater würde es wagen, ein Stück auf den Spielplan zu setzen, das von einem deutschen Ausbeuter handelt, den man zu vergasen vergessen hat und schon gar nicht dürfte es ein solches Unterfangen mit dem Ende der Schonzeit rechtfertigen. Niemand würde den Schlußstrich unter die Vergangenheit ziehen wollen und würde ein Jude vorschlagen, daß man ein paar reiche Deutsche erschlagen müßte, dann täte ihn das nicht sein Amt, sondern seinen Kopf kosten. Der jüdische Staat, so es überhaupt einen gäbe, wäre kein angesehenes Mitglied der Völkergemeinschaft und kein jüdischer Politiker hätte den Mut, den Deutschen zu sagen, sie sollten sich nicht so anstellen und auf die Empfindungen der Juden Rücksicht nehmen, die nicht immer wieder an die Vergangenheit erinnert werden wollen. Und kein Mensch würde meinen, daß mit der Zahlung von Geld die ganze Angelegenheit aus der Welt wäre ... Dies wäre ungefähr die Lage, wenn der historische Spieß in die andere Richtung zeigen würde.

Heimat, um zum Ausgangspunkt zurückzukommen, ist keine geographische Größe, keine Stelle, auf die man auf einer Landkarte den Finger legen kann, Heimat ist eine seelische Verfassung. Die Wiedererlangung der Heimat ist demnach die Rückkehr zu einem inneren Zustand, in dem der Heimkehrer mit seiner Umwelt im Reinen, ausgesöhnt ist. Wer sich als heimatlos bezeichnet, erleidet das Gegenteil, er lebt im Dissens mit sich selber und seiner Umgebung. Verständlich, daß ein solcher Zustand auf die Dauer nicht zu ertragen ist, bzw. zu schweren Schäden führen muß.

Der jüdische Heimatbegriff hatte nicht eine harmonische Beziehung zur Umwelt im Sinn, denn die war fast immer und überall judenfeindlich. Also galt es, die eigene Tradition zu bewahren und fortzusetzen. Eine aus dem Gleichgewicht geratene Seelenverfassung mußte nicht mühsam wieder hergestellt werden, da die innere Balance trotz Verfolgung und Unterdrückung, oder vielleicht gerade deswegen, keinen Schaden erlitten hatte, von den Aussteigern und Assimilanten abgesehen, die nicht nur aus der Religion, sondern auch aus der Schicksalsgemeinschaft herauswollten und unter denen jenes Phänomen beobachtet werden konnte, für das Theodor Lessing den Begriff »Jüdischer Selbsthaß« geprägt hatte. Erst mit ihrer Anerkennung als gleichberechtigte Mitbürger fühlten sich die Juden verpflichtet, Ergebenheitsbeweise und Loyalitätskundgebungen zu ihrer äußeren Heimat an den Tag zu legen, sie wandelten sich von Juden zu Deutschen jüdischen Glaubens.

»Das edelste deutsche Blut ist das, welches von deutschen Soldaten für Deutschland vergossen wurde. Zu diesen gehören auch die 12 000 Gefallenen der deutschen Judenheit, die damit wiederum ihre allein ernsthafte und Achtung gebietende Blutprobe im deutschen Sinne bestanden hat ...« hieß es im Geleitwort eines Gedenkbuches für die jüdischen Gefallenen des Ersten Weltkrieges, herausgegeben vom »Reichsbund jüdischer Frontsoldaten« im Jahre 1932. Der definitive Beweis, Deutscher zu sein, war das Privileg, für Deutschland sterben zu dürfen. Damit hatten 12 000 deutsche Juden die Blutprobe im deutschen Sinne bestanden.

Das Mißverständnis gehört nun der Geschichte an, auch wenn es wieder ein paar Juden in der deutschen Armee gibt und der Vorsitzende des »Zentralrates der Juden in Deutschland«, ein Reserveoffizier der Bundeswehr, erklärt: »Ich sehe meine Aufgabe darin, das richtige Bild Deutschlands, seiner Bürger und Parteien immer dann vorzustellen, wenn Tendenzen auftreten, den ›bösen Deutschen‹ an die Wand zu malen ...«, was an die Stellungnahme des Centralvereins deutscher Bürger jüdischen Glaubens vom März 1933 erinnert, in der auch das Ansehen Deutschlands gegenüber Verleumdern verteidigt wurde. Für so viel Ergebenheit wurde der Vorsitzende des Zentralrates belohnt, indem ein Bundestagsabgeordneter ihn aufforderte, darüber nachzudenken, ob es nicht sein Verhalten wäre, das den Antisemitismus in Deutschland hervorrufe ...

Aber das sind nur Marginalien, kleine Pointen am Wegesrand. Das eigentliche jüdische Problem mit der Heimat hört auf den Namen Israel. Die Juden haben nun, nach einer Pause von 1900 Jahren, seit fast 40 Jahren wieder eine territoriale Heimat, ein Grundstück, auf dem sie souverän sind. Dies ist eine historische Errungenschaft, deren Wert nicht hoch genug geschätzt werden kann. Aber es ist zugleich ein Faktum, das den Juden zu schaffen macht, ihre Seelenverfassung neuen Belastungen aussetzt.

Etwa ein Viertel des jüdischen Volkes lebt im jüdischen Staat, unserer, wie wir sagen, »historischen Heimat«. Diese zu haben, genügt den meisten: drei Viertel der Juden ziehen es vor, in der Diaspora zu bleiben und jedes Jahr zu Pessach das Gebet »Nächstes Jahr in Jerusalem ...« zu sprechen, obwohl sie schon dieses Jahr kommen könnten, wenn sie nur möchten. Man kann die Frage stellen, ob sich der jüdische Staat eine große Diasporagemeinde potentieller Staatsbürger leistet oder die Diaspora aus Gründen der Rückversicherung einen Staat unterhält, für den Fall der Fälle, von dem alle hoffen, daß er nicht eintritt, den aber auch niemand ausschließen mag. Allein die Tatsache, daß es Israel gibt, schützt die Juden in der Diaspora vor größerer Diskriminierung und Verfolgung, stürzt sie aber zugleich in innere Krisen und äußere Konflikte.

Viele haben ein schlechtes Gewissen, weil sie nicht in Israel leben, und kompensieren es mit einer »Heimatliebe«, d.h. Zionismus par distance, die oft peinliche Züge annimmt. Andere wiederum distanzieren sich zwanghaft von Israel, um nicht in den rufschädigenden Verdacht zu geraten, Zionisten zu sein. Zu diesem inneren Zweikampf kommt von außen der Vorwurf der doppelten Loyalität dazu. Sie balancieren zwischen dem Land, in dem sie leben, und dem Land, mit dem sie sich entweder solidarisieren oder von dem sie sich distanzieren, mit dem sie aber in jedem Fall emotional verwickelt sind. Aber auch dann, wenn sie sich entscheiden und klare Verhältnisse schaffen, also bleiben oder gehen, hören die Dissonanzen nicht auf. Wenn ein ARD-Sender z.B. eine Sendung über das Thema macht »Haben die Juden eine Zukunft in Deutschland?«, wird die jüdische Existenz in Deutschland generell problematisiert, richtet sich diese Frage auch an jene Juden, die mit ihrem Bleiben schon die Antwort vorweggenommen haben. Umgekehrt ist es denjenigen, die noch vor kurzem »Juden raus nach Palästina!« gebrüllt haben, auch nicht recht, wenn die Juden die Aufforderung annehmen, weil es nun gilt, die imperialistisch-expansionistische Ideologie des Zionismus zu bekämpfen. Und schließlich haben auch unsere arabischen Verwandten recht, wenn sie die Frage stellen, warum jemand, der in Brooklyn geboren wurde und da aufgewachsen ist, plötzlich in Hebron auftaucht und erklärt, dies wäre seine wahre Heimat, er müsse von nun an in der Stadt der Patriarchen leben, sonst wäre die zweitausendjährige Geschichte umsonst eine Leidensgeschichte gewesen.

Die politischen und praktischen Implikationen des real existierenden Zionismus zu diskutieren, wäre ein Thema für sich. Aber eines kann gesagt werden: mit der Errichtung eines jüdischen Staates wurden die Juden von einer Problematik eingeholt, die ihnen nur die Wahl zwischen falsch und verkehrt läßt. Falsch, undenkbar wäre es, diesen Staat aufzugeben. Verkehrt und nicht machbar wäre es, die Diaspora aufzulösen, alle Juden in Israel anzusiedeln. Also bleibt es beim jüdischen Staat hier und jüdischer Diaspora dort und der gespaltenen Persönlichkeit mittendrin. Wir können über das Spannungsverhältnis zwischen spiritueller und realer Heimat reflektieren und auch darüber, ob die zweite nicht auf die Kosten der ersten geht. Irgendeine Lösung für das Problem gibt es nicht, aber Probleme sind nicht dazu da, daß man sie löst, sondern daß man sich mit ihnen arrangiert.

Ich lebe seit sechs Jahren mit einem deutschen Paß in Israel. Das mag vielen, die klare Verhältnisse bevorzugen, nicht konsequent erscheinen, aber es ist jedenfalls nicht ansatzweise so inkonsequent, wie in Deutschland mit einem Mitgliedsausweis der zionistischen Organisation in der Tasche und den Koffern unterm Bett zu leben. Ich gebe zu, ich mache es mir einfach. Der Alternative, in Deutschland entweder zu einem Alibi-Juden oder einem jüdischen Kohlhaas zu werden, habe ich mich physisch und räumlich entzogen. Deutschland ist für einen Juden sehr anstrengend, es läßt sich aus der Ferne viel leichter ertragen und auch gern haben. In Israel habe ich, als Jude aber Nicht-Israeli, einen privilegierten Status. Ich lebe in dem Land, ohne mich mit den Schwierigkeiten, die es seinen Staatsbürgern bereitet, herumschlagen zu müssen. Ich suche mir also von beiden Seiten die jeweils angenehmen Dinge heraus. Vielleicht ist es das, was meine linken heimatlosen Freunde in Deutschland auf mich so wütend macht: daß auch sie gerne weg möchten, wenn sie nur wüßten wohin. Walter Boehlich hat mich kürzlich als einen Figaro beschrieben, der mal hier und mal dort ist, von dem man nicht weiß, wo er sich gerade aufhält. Offenbar handelt es sich hierbei um einen Verstoß gegen das Gebot der Seßhaftigkeit, das Walter Boehlich von seinem Frankfurter Wohnzimmer aus mit Nachdruck vertritt. Seine oberschlaue Analyse meiner zigeunerhaften Lebensweise hat er mit ein paar antisemitischen Hämen garniert und mir u.a. vorgeworfen, ich würde mich in bundesrepublikanische Angelegenheiten »einmengen«. Recht hat er, wenn der Jud schon dem Knüppel des Antisemiten entweicht, dann soll er auch nicht über den Zaun stänkern.

Wenn man mich nun fragt, ob *ich* eine Heimat habe und wo sie wäre, antworte ich nach bestem jüdischen Brauch ausweichend. Ich glaube, ich habe eine Heimat, aber ich kann sie nicht lokalisieren. Es ist der Geruch von Gefillte Fisch und Reibekuchen, der Geschmack von Borscht und Brathering, es ist die Melodie der Hatikva und der Klang der Internationale, aber nur wenn sie von den alten Bundisten in Tel

Aviv am 1. Mai auf jiddisch gesungen wird. Es ist eine Nacht im Casablanca der Marx-Brothers und Sein oder Nicht-Sein von Ernst Lubitsch. Es ist die Fackel von Karl Kraus und die Autobiographie von Theodor Lessing. Es ist eine Stelle an der Außenalster in Hamburg, eine kleine Treppe im alten Hafen von Jaffo und der Leidseplein in Amsterdam. Ist das nicht genug?

Das große Problem mit der Heimat scheint mir zu sein, daß von einem erwartet wird, man solle sich für eine entscheiden. Besser wäre es, man hätte einfach keine. Und am besten: ganz viele.

Vorwärts und schnell vergessen oder Wie man die eigene Geschichte anderen vor die Tür legt

Zu den unangenehmsten Erinnerungen an meine Schulzeit, an die ich so gern zurückdenke, wie ein ehemaliger Knacki an die Jahre vor seiner Entlassung, gehören die alljährlichen Schulfeiern zum 17. Juni, dem Tag der Deutschen Einheit. Alle Schüler, von der Sexta bis zur Oberprima, wurden in die Aula getrieben, wo sich auch der ganze Lehrkörper einfand. Die Herren Studienräte, Studienassessoren und Studienreferendare trugen diese schrecklich abgewetzten, am Gesäß und an den Ellbogen glänzenden, dunklen Anzüge und sahen aus wie an jenen Tagen, an denen sie vom Begräbnis eines Kollegen zurückkamen und keine Zeit hatten, sich auf dem Weg vom Friedhof zur Schule umzuziehen. Wenn ich mich richtig erinnere, spielte zuerst ein Oberstufen-Streichquartett irgendeine dumpfe Musik in Moll, danach hielt ein Lehrer eine Rede, danach sangen alle das Deutschlandlied, dritte Strophe, und danach war die Feier vorbei, und wir konnten nach Hause gehen.

Obwohl es ein mathematisch-naturwissenschaftliches Gymnasium war, wurde die Rede immer von einem »Geisteswissenschaftler« gehalten, einem Deutsch-, Geschichts- oder Lateinlehrer. Offenbar traute man es einem Mathematiker oder Biologen nicht zu, die passenden Zitate zu finden und sie mit den dazugehörigen Floskeln (»Wie schon Sokrates sagte ...« – »Wenn wir unseren großen Vorbildern ...«) zu verbinden. Diese Aufgabe fiel jedes Jahr einem anderen Lehrer zu, aber die Rede blieb praktisch dieselbe. Die deutsche Einheit wurde beschworen und unseren Brüdern und Schwestern in der sowjetisch besetzten Zone versichert, daß wir immerzu an sie dachten – wenn wir nicht gerade Klassenarbeiten schrieben, Zeugniskonferenz hatten oder auf dem Klo rauchten. Ich staunte, als was für fanatische Anhänger der »Freiheit« sich plötzlich jene entpuppten, die uns, den Schülern, als kleine Despoten und begeisterte Sadisten bekannt waren, denen nichts größeren Spaß machte, als ihre Schüler psychisch und gelegentlich auch physisch zu schikanieren. Was für ein Widerstandsgeist auf einmal in jenen ausbrach, die sich gegenseitig, der Hierarchie entsprechend, mit »Herr Oberstudienrat« und »Herr Studiendirektor« anredeten. Deswegen machte ich beim Singen des Deutschlandliedes nicht mit. Statt »Einigkeit und Recht und Freiheit« sang ich leise »Deutschland, Deutschland über alles« vor mich hin.

Diese Szenen kamen mir wie ein Deja-vu wieder zu Bewußtsein, als ich 1985 Kanzler Kohl und Präsident Mitterrand die endgültige Aussöhnung zwischen Deutschland und Frankreich feiern sah. Die beiden Politiker trafen sich auf dem Schlachtfeld von Verdun, wo im Jahre 1916 hunderttausende französischer und deutscher Soldaten sich für ihre Vater- bzw. Mutterländer gegenseitig massakrierten, gingen vor dem »Beinhaus« nebeneinander in Stellung und als die Nationalhymnen gespielt wurden, streckten sie die Arme seitwärts aus, Kohl den rechten, Mitterrand den linken, und die Hände packten ineinander wie der obere und untere Teil eines Sicherheitsgurtes beim Anschnallen. So blieben sie eine Weile stehen und wurden live vom Fernsehen übertragen. Dies war, hieß es hinterher, ein historischer Augenblick.

Nun wußten die Soldaten, wofür sie ihr Leben gelassen hatten: Um, im wörtlichen Sinne des Wortes, die Grundlage für die Versöhnungsfeier zu bieten. Später las ich in einer Zeitung, auch der deutsche Schriftsteller Ernst Jünger, Teilnehmer beider Weltkriege, habe an der Feier teilgenommen, und zwar »im strömenden Regen«, was für den 90jährigen eine ebenso beachtliche Leistung war, wie seinerzeit seine Teilnahme am Stahlgewitter selbst.

Zu der Veranstaltung in Verdun gaben Deutschland und Frankreich eine gemeinsame Erklärung heraus, in der es u.a. hieß: »Wir haben uns versöhnt. Wir haben uns verständigt. Wir sind Freunde geworden.« Mit drei Sätzen zu jeweils vier Worten wurde die Erbfeindschaft definitiv begraben – vielleicht mußte deswegen die Feier auf einem Friedhof stattfinden. Auf jeden Buchstaben kommen zehntausend Tote.

Ich weiß nicht, ob Völkerkundler und Anthropologen schon der Frage nachgegangen sind, warum nationale und internationale Versöhnungsfeiern, bei denen es um Frieden, Freundschaft und die gemeinsame bessere Zukunft geht, vorzugsweise auf Friedhöfen zelebriert werden. Es ist ja so ziemlich alles schon untersucht worden, vielleicht liegt irgendwo eine wissenschaftlich gesicherte Antwort auf diese Frage herum. Mir erscheint es in jedem Fall seltsam, daß es des imaginierten Modergeruchs verwester Soldatenleichen bedarf, um pazifistische Gefühle zu fördern. Genausogut könnte man einen Kreiß-Saal in ein Leichenschauhaus verlegen. Ich vermute, daß es einen Reiz des Nekrophilen gibt, von dem sich die

Politiker gerne an die Stätten des Todes führen lassen, wo sie dann Versprechungen machen und Bekenntnisse ablegen, die in einem starken Widerspruch zu dem Geist des Ortes stehen, an dem dies passiert. Wenn es schon als unfein gilt, im Hause des Henkers vom Strick zu sprechen, dann ist es noch makabrer, sich auf einem Soldatenfriedhof »vor den Gräbern der gefallenen Söhne zu verneigen« und zugleich zu proklamieren, man habe sich »unwiderruflich auf den Weg des Friedens« begeben.

Mitte der 20er Jahre wäre der Heidelberger Mathematikprofessor Emil Julius Gumbel von deutschnationalen Patrioten am liebsten totgeschlagen worden, weil er gesagt hatte, die Toten des Ersten Weltkrieges wären »auf dem Feld der Unehre gefallen«; sechzig Jahre später hat sich die stolze Trauer in traurigen Stolz verwandelt und die Soldatenfriedhöfe sind noch immer Exerzierplatz einer Heuchelei, die ihre Opfer zum zweiten Mal vernutzt. Überhaupt scheinen Friedhöfe auf gewisse Menschen eine grotesk stimulierende Wirkung zu haben.

Bundeskanzler Kohl hat während seines Besuchs in Israel in öffentlichen Reden immer wieder gesagt, wie gern er mit seinen Söhnen sonntags über den alten Judenfriedhof von Worms spazieren geht. Die Bemerkung war ein wenig leichtsinnig; es hätte jemand Kohl darauf aufmerksam machen können, daß genau genommen ganz Deutschland ein großer Judenfriedhof ist, und sie war auch leicht deplaziert, da sie vor Zuhörern gemacht wurde, die zum großen Teil die durchschnittliche Lebenserwartung bereits hinter sich hatten. Aber das doppelt Makabre des Augenblicks ging Kohl ebenso wenig auf wie das offensichtlich Peinliche bei der immer wieder vorgetragenen

Versicherung, er gehöre der unbelasteten Nachkriegsgeneration an. Dies wiederum stellte Kohl ein weiteres Mal bei der nächsten Friedhofsfeier nachdrücklich unter Beweis.

Fand die deutsch-französische Aussöhnung über den Massengräbern von Verdun statt, so mußte die deutsch-amerikanische Versöhnung auf dem Soldatenfriedhof von Bitburg besiegelt werden. Kein anderer Ort in der Bundesrepublik wäre dem Ereignis angemessen gewesen, denn, so Kohl, »wenn wir nicht nach Bitburg gehen ..., werden wir die Gefühle unseres Volkes tief verletzen ... Bei den Deutschen zählt nicht nur der Verstand, sie haben auch Herz und Seele ...« – was die Deutschen, durch die Wahl von Helmut Kohl zu ihrem Kanzler, eindeutig bewiesen haben.

Diese einzigartige Mischung aus Verstand, Herz und Seele, der Helmut Kohl seine Karriere, die Bundesrepublik ihre Prosperität und Bitburg die größte Werbeaktion für das dort hergestellte Pils verdankt, wurde von kaum jemand so vollkommen verkörpert wie von dem Bitburger Bürgermeister Theo Hallet. Er denke nicht daran, ließ er jeden Besucher wissen, sich »an Selektionen, Nachforschungen und Durchleuchtungen von Soldaten zu beteiligen, die seit 40 Jahren tot sind«; er sagte »Selektionen«, ohne zu stocken und ohne zu erröten, und dann setzte er nach, er werde sich auch nicht »an einer Entnazifizierung der Soldaten der Waffen-SS beteiligen«, womit der Verstand ganz gewiß mit der Zustimmung von Herz und Seele rechnen konnte.

Dabei bedurfte es eigentlich gar keiner deutsch-amerikanischen »Versöhnung über die Gräber hinweg« (Kohl), die hatte bereits auf anderer Grundlage und breiter Basis stattgefunden. 6000 deutsch-amerikanische Ehen, gab Bürgermeister Hollet bekannt, seien geschlossen und 16 000 Kinder geboren worden, was natürlich nur die sichtbare Spitze des Versöhnungsberges war, während die dazu notwendige Anzahl deutsch-amerikanischer Versöhnungstreffen der primären Art ein Vielfaches dieser Zahlen betragen haben mußte. Wozu also das Friedhofsspektakel? Weil es sich leichter im Fernsehen übertragen läßt als eine deutsch-amerikanische Hochzeitsnacht? Wozu das Pathos, die Rhetorik und der Rummel? Um der Zukunft willen? Für den Frieden und die Völkerverständigung? Bürgermeister Hollets Weigerung, sich an einer »Entnazifizierung« der toten Soldaten zu beteiligen, weist in die Richtung der eigentlichen Intentionen, die offen auszusprechen freilich noch immer schwerfällt. »Wenn die Brüskierungen und Beleidigungen der Bitburger Bevölkerung unerträglich werden und die Ehre der hier bestatteten deutschen Soldaten noch tiefer in den Dreck gezogen wird«, so der Bitburger Bürgermeister, »rufe ich aus Gründen der Selbstachtung der Bürger eine Sondersitzung des Stadtrats zusammen. Alle Parteien stehen hinter mir!«

Und dann? Was passiert dann? Werden deutsch-amerikanische Ehen verboten? Wird die Sondersitzung des Stadtrats den Austritt Bitburgs aus dem nordatlantischen Bündnis beschließen? Oder wenigstens einen Boykott von Coca-Cola? Auf die Frage, was die Sitzung bewirken solle, sagte der Bürgermeister einem Reporter: »Das können Sie sich gut vorstellen.«

Eine Bitburger Stadträtin wurde noch konkreter: »Wenn Präsident Reagan jetzt kapituliert, dann pfeife ich auf die ganze NATO und werde meinen Sohn überzeugen, den Wehrdienst zu verweigern.« – So tritt, aus einem durchaus seriösen Anlaß, jene Komik zutage, nach der man in den deutschen Lustspielen immer vergeblich sucht. Von einem Verlust der Maßstäbe zu sprechen, wäre schon deswegen verkehrt, weil es nie welche gegeben hat. Und wenn die evangelische Theologin Dorothee Sölle einen Aufruf unterschreibt, in dem es u.a. heißt, Reagans Antikommunismus entspreche »dem deutschen Antisemitismus der 30er Jahre«, dann sieht es nur so aus, als stünde sie auf der anderen, der richtigen Seite der moralischen Grenze. In Wirklichkeit fährt sie mit dem Bitburger Bürgermeister auf demselben deutschnationalen Karussell mit, auch wenn sie sich aus Protest andersrum, also mit dem Rücken zur Fahrtrichtung, auf ihr Pferd gesetzt hat. Was dem einen die »Entnazifizierung der Soldaten der Waffen-SS«, an der er nicht teilnehmen möchte, ist der anderen die Gleichsetzung von Reagans Antikommunismus mit dem deutschen Antisemitismus der 30er Jahre. In beiden Fällen wird, in unterschiedlichen Phrasierungen, die deutsche Geschichte rehabilitiert. Die Waffen-SS-Leute waren Soldaten wie andere auch, haben nur ihre Pflicht getan, und der deutsche Antisemitismus, der übrigens mit Hilfe zahlreicher Theologen schon lange vor den 30er Jahren einsetzte, war so speziell nicht, wenn er heute von Reagans Antikommunismus reproduziert wird.

Nationale Erinnerungsfeiern und kollektive Gedächtnisübungen haben überall, von Arlington bis Yad Vashem, etwas Peinliches, Makabres, Falsches an sich. Warum sollte es in Deutschland anders sein? Aber was rund um die Welt peinlich, makaber, falsch ist, das bekommt in Deutschland noch zusätzlich einen obszönen Überzug verpaßt. Wenn die deutschen Bischöfe die Abtreibungsregelung mit Auschwitz gleichsetzen und wenn Heiner Geißler sagt, an Auschwitz seien die Pazifisten schuld gewesen, dann sind das die rechten Komplementärfarben zum linken Gerede vom ökologischen Holocaust und der Endlösung der Palästinafrage.

Wenn es einen nationalen Konsens gibt, Begriffe wie Auschwitz, Endlösung, Holocaust ihrer eigentlichen Bedeutung zu entkleiden und sie anderen Sachverhalten aufzupfropfen, dann kann man sich kaum darüber wundern, daß die Bürger der Stadt Bergen-Belsen eine Straße nicht nach Anne Frank benannt wissen wollen, weil das für sie »eine tägliche Vorführung« bedeuten würde und daß der Bundestagspräsident Jenninger gegen eine namentliche Erinnerungstafel an die von den Nazis ermordeten Reichstagsabgeordneten ist, da der bisherige Forschungsstand »die individuelle Würdigung eines jeden Einzelnen« nicht zuläßt; er hält statt dessen eine allgemein gehaltene Formel (»Den Opfern der Tyrannei ...«) für die richtige. Oder wenn Kanzler Kohl in einer Rede vor dem Bankentag erklärt: »Was im Konzentrationslager Flossenbürg möglich war, müßte heute auf einem Bankentag oder anderswo auch möglich sein« und er die offenbar schwer verfolgten Bankiers dazu aufruft, dem Beispiel des in Flossenbürg ermordeten Dietrich Bonhoeffer zu folgen, der »Gottvertrauen hatte und trotz seiner verzweifelten Lage auf die Zukunft setzte«. So wird Geschichte nicht auf den Kopf gestellt, sie wird durch den Fleischwolf gedreht. Und ein solcher Umgang mit Geschichte setzt spiralartig fort, was ihn erst möglich macht: das Unbehagen an der eigenen Vergangenheit und das Bedürfnis, sie preiswert loszuwerden, am besten: anderen vor die Haustür zu legen.

Helmut und Menachem

In den Morgenstunden des 25. Juni 1981 verließ ein unauffälliger Mann in beigen Hosen und einem blaukarierten Sacco das »American Colony Hotel« im Ostteil Jerusalems. Statt den vor dem Eingang auf ihn wartenden Wagen zu nehmen, wandte er sich – nachdem er dem Fahrer ein Zeichen gegeben hatte wegzufahren – nach links und ging in Richtung der Altstadt. Am Ende der Saladinstraße/Ecke Sultan-Suleiman-Straße gegenüber dem Herodes-Tor betrat er das Postamt, stellte sich vor dem Telefon-Schalter in der Reihe auf, wartete geduldig etwa zehn Minuten und bestellte dann ein Ferngespräch nach Hamburg und ein zweites nach Bonn. Nachdem er beide Anrufe in auffällig kurzer Zeit erledigt hatte, verließ er die »jordanische« Post, ging die Suleimanstraße entlang bis zum Damascus-Tor und dann, durch das Damascus-Tor, in die Altstadt hinein.

Der Mann blieb stehen und schaute auf die Uhr, es war kurz vor Zehn. Er machte den Eindruck, als wäre er zu einer Verabredung zu früh gekommen und als wollte er seinen Partner lieber warten lassen, anstatt auf ihn zu warten. Gleich am Eingang zur Altstadt gibt es eine Reihe von Geschäften: einen Geldwechsler, ein arabisches Kaffee-Haus, eine Apotheke, eine Konditorei, einen Haushaltswarenladen. Der Mann ging in die Apotheke (sie gehört einem Palästinenser namens Hanna Siniora, der nebenbei die Wochenzeitung AL FAJR herausgibt), kaufte ein Päckchen Coldex-Tabletten und einen Kleenex-Karton, wechselte ein paar Worte mit dem Besitzer und verließ dann wieder die Pharmacie. Er nahm an einem der kleinen Tische vor dem arabischen Kaffee-Haus direkt neben der Apotheke Platz.

Nach ein paar Minuten setzte sich ein Mann zu ihm, der einen kleinen Aktenkoffer mit sich trug, wie ihn Manager auf Flugreisen zu verwenden pflegen. Er öffnete die Nummernschlösser, nahm aus dem Aktenkoffer einen grauen Aktendeckel heraus und überreichte ihn dem ersten Mann. Der schaute kurz hinein, zog aus der linken Brusttasche seines blaukarierten Saccos, das er trotz der Hitze die ganze Zeit anbehalten hatte, einen kleinen Umschlag und legte ihn in den aufgeklappten Aktenkoffer, worauf der zweite Mann den Koffer zuklappte, aufstand und ging, ohne sich zu verabschieden. Der erste Mann blieb sitzen, bestellte sich einen »Tea nana« (Pfefferminztee) und blätterte in dem grauen Aktendeckel, den er soeben bekommen hatte. Er sah zufrieden aus, alle paar Augenblicke verzog sich sein Mund zu einem dezenten Lächeln. Vom Nebentisch aus waren die vielen Kästchen auf dem Deckblatt des Aktendekkels deutlich zu sehen, es war eine jener Umlaufmappen, wie sie in Behörden verwendet werden. Am oberen Rand des Aktendeckels hatte sich ein Adler niedergelassen, darunter stand in Großbuchstaben: AUSWÄRTIGES AMT.

Genau eine Woche später meldete sich ein Mann telefonisch in der Redaktion der Boulevardzeitung »Yedioth Aharonoth« (Letzte Nachrichten) und verlangte in gebrochenem Hebräisch den Redakteur Noah Kliger. Kliger, früher Korrespondent der Zeitung in Bonn, war gerade nicht da. Der Mann weigerte sich, seinen Namen zu sagen und meinte, er würde später noch einmal anrufen.

Am selben Tag bekam die Korrespondentin des »stern« in Jerusalem, Wibke Bruhns, einen merkwürdigen Anruf. Ein Mann, der fließend aber mit sehr starkem Akzent deutsch sprach, bot ihr »eine Sensation« an, auf Einzelheiten wollte er am Telefon nicht eingehen. Falls sie wissen möchte, worum es sich handelt, sollte sie um genau 19 Uhr in das vegetarische Lokal in der »Rechov Haneviim« (Straße des Propheten) kommen und als Erkennungszeichen die letzte Ausgabe des »stern« unter dem linken Arm halten. Genau zur vereinbarten Zeit war Wibke Bruhns am angegebenen Ort, aber das vegetarische Restaurant hatte geschlossen. Sie ging eine Weile vor dem Eingang auf und ab, die letzte »stern«-Ausgabe unter dem linken Arm, und wartete darauf, angesprochen zu werden. Aber nichts passierte.

Während Wibke Bruhns sich darüber ärgerte, auf einen blöden Scherz reingefallen zu sein, läutete in der Villa des israelischen dpa-Korrespondenten im Prominenten-Viertel Herzliyah-Pituach das Telefon. George Spieker, der es gewohnt ist, auch nach Büroschluß noch News anzunehmen, um sie gleich weiter an die Hamburger Zentrale zu geben, wunderte sich, als ihm jemand auf deutsch – »aber so wie ein Türke in Kreuzberg« – sagte, er solle auf ein Päckchen achtgeben, das demnachst bei ihm eintreffen werde. Ob's denn was Gefährliches wäre, vielleicht Sprengstoff, wollte Spieker wissen, halb im Scherz, halb im Ernst, wissend, daß in Israel gleich der Feuerwerker geholt wird, wenn in einer Telefonzelle ein herrenloses Paket gefunden wird. Sprengstoff wäre es schon, aber nicht von der Art, an die Spieker denken würde. Und dann hängte der Anrufer ein.

Tatsächlich bekam Spieker nach fünf Tagen ein

Päckchen, das in Jerusalem aufgegeben worden war, eine DIN A4 große Jiffy-Tüte, die schon einmal benutzt worden war. Das Label mit der Adresse des ersten Empfängers war sorgfältig entfernt, die Adresse von dpa-Mann Spieker darüber geklebt worden. Erstaunlicherweise trafen zur selben Zeit auch bei anderen deutschen Israel-Korrespondenten, die nicht im voraus verständigt worden waren, Päckchen ein: Bei Peter Philipp (Sonntagsblatt, Vorwärts), Anne Ponger (Die Presse, Wien), Ulrich Sahm (Stuttgarter Nachrichten), Ephraim Lahav (Die Welt), Peter Finkelgruen (Deutsche Welle).

Ob auch noch andere deutsche Korrespondenten die Sendung bekommen hatten, dürfte schwer festzustellen sein. Jedenfalls erfuhr die deutsche Botschaft in Tel Aviv von dem postalischen Bombenabwurf und schlug Alarm. Im Namen des Botschafters rief die Pressereferentin, Frau Kämpfe, alle deutschen Korrespondenten reihum an und beschwor sie, von dem Material, das ihnen zugeschickt worden war, keinen Gebrauch zu machen. Sie appellierte an das Verantwortungsgefühl der Journalisten: »Überlegen Sie mal, welcher Schaden mit der Veröffentlichung angerichtet würde, zumal es sich leider um authentisches Material handelt.« –

Die Kollegen waren angenehm berührt. Indem die Botschaft gleich zugab, daß das Material echt war und nicht versuchte, sich auf »Fälschungen« oder »böswillige Unterstellungen« herauszureden, hatte sie taktisch genau den richtigen Zug getan. Wie konnten die Journalisten, angesichts von soviel Offenheit, sich bockig zeigen und die vertrauensvolle Zusammenarbeit verweigern? Allein Peter Finkelgruen moserte ein wenig (»Wir sind doch nicht die Hilfsorgane der

Botschaft«), aber ein Anruf des Intendanten der Deutschen Welle, Klaus Schütz, der bis 1981 noch deutscher Botschafter in Israel gewesen war, brachte Finkelgruen zur Vernunft. So ist die deutsche Öffentlichkeit um den authentischen Hintergrund einer der schönsten Polit-Klamotten gebracht worden, die in den letzten Jahren inszeniert worden sind. Ein Stück wie aus dem Œuvre von Arnold und Bach, aufgeführt unter der Regie von Willy Millowitsch, gesponsort von der Firma »Inter Nationes«.

Um es nicht allzu sehr in die Länge zu ziehen: Die Mappe, die im arabischen Kaffee-Haus am Damascus-Tor den Besitzer gewechselt hatte und die dann einer Reihe von Journalisten zugespielt worden war, enthielt einen sich über ein Jahr erstreckenden Briefwechsel zwischen dem deutschen Bundeskanzler Helmut Schmidt und dem israelischen Ministerpräsidenten Menachem Begin; einen Briefwechsel, aus dem eindeutig hervorgeht, daß die beiden Regierungschefs sich sehr mögen und daß sie – wie zwei Catcher, die zum Schein aufeinander losgehen – einen Schaukampf fürs Publikum aufgeführt haben, von dem sie beide politisch profitiert haben. Leider ist die Mappe, die ich habe, nicht vollständig, aber die Briefe, die sie enthält, genügen, um die Spur einer Männerfreundschaft nachzuzeichnen, die überraschender nicht sein könnte.

Erinnern wir uns: Anfang Mai 1981 war Kanzler Schmidt von einem Staatsbesuch in Saudi-Arabien nach Bonn zurückgekommen und hatte dann von einer »besonderen deutschen Verpflichtung den Palästinensern gegenüber« gesprochen und auch von »der Last von Auschwitz, die schwer auf den deutschen Schultern« liege. Daraufhin ist Schmidt von Begin hart angegangen worden. Schmidts Politik, so Menachem Begin, sei von »Habsucht« geprägt, der deutsche Regierungschef habe nichts anderes im Sinn, als »Waffen teuer zu verkaufen und Erdöl billig einzukaufen«. Begin erinnerte auch daran, daß Schmidt »an der Ostfront gekämpft« habe und stellte so zwischen den Zeilen einen Zusammenhang her zwischen Schmidts Fronteinsatz und der Judenvernichtung im Osten. Schmidt soll auch, so Begin, zugesehen haben, wie Widerstandskämpfer, Männer des 20. Juli, »mit Klaviersaiten aufgehängt wurden«. Dafür gab es zwar keine Belege, aber im Eifer des Gefechtes kam es auf Beweise nicht an.

Zur allgemeinen Überraschung reagierte Schmidt mehr als zurückhaltend. Er ließ Regierungssprecher Becker erklären: »Solche Entgleisungen stehen wohl im Zusammenhang mit dem israelischen Wahlkampf« und betonte hinterher: »Ich habe dem nichts hinzuzufügen.«

Was seinerzeit wie staatsmännische Klugheit aussah oder zumindest der geglückte Versuch, durch eine unterlassene Retourkutsche nicht noch mehr Öl ins Feuer zu gießen, erweist sich nun als Teil einer Strategie, die beiden Protagonisten zugute gekommen ist. Am 17. Mai 1981 schrieb Helmut Schmidt an Menachem Begin:

»Sehr geehrter Herr Ministerpräsident! Ich möchte Ihnen heute nur versichern, daß unserer beiderseitiges Einverständnis nicht getrübt werden sollte durch Berichte, die derzeit sowohl in deutschen Zeitungen wie auch in Ihrem Land erscheinen. Ich habe nie über Sie gesagt, daß sie ein häßlicher Gartenzwerg sind und ich gehe davon aus, daß auch Sie nicht über mich gesagt haben, ich sei ein Hitlerjunge, der nur zu alt ist, um noch in kurzen Hosen herumzulaufen. Wir beide dürfen uns von Unterstellungen und Reaktionen, die außerhalb unserer Abmachungen und unserer Verantwortung liegen, nicht irritieren lassen. Natürlich versuchen jetzt einige Leute – sowohl bei uns wie auch bei Ihnen – auf den fahrenden Zug zu springen und die Situation zu ihren Gunsten auszunutzen. Aber dennoch können wir, denke ich, mit unserer Aktion zufrieden sein. Hat man Ihnen berichtet, wie die deutsche Öffentlichkeit reagiert hat? Seit den Tagen, da Bismarck gesagt hat, ›Ich kenne keine Parteien mehr, ich kenne nur noch Deutsche‹, hat es eine solche Einigkeit in unserem Volk nicht gegeben. Selbst meine heftigsten Gegner, die sonst darauf lauern, daß ich mich beim Rasieren schneide und verblute, haben sich hinter mich gestellt. Der Oppositionsführer Kohl hat im Bundestag eine Rede gehalten, in der er mich gegen Ihre Angriffe verteidigte, wo ich hinkam, schlug mir eine Welle der Sympathie entgegen – es war großartig! Und wie war es bei Ihnen? Lassen Sie bei Gelegenheit von sich hören und seien Sie herzlich gegrüßt, Ihr gez. Schmidt.«

Schmidts Brief an Begin ist auf englisch geschrieben. Schmidt hat einen privaten Briefbogen benutzt, ohne jeden Hinweis auf sein Amt als Bundeskanzler. In der linken oberen Ecke steht in Großbuchstaben HELMUT SCHMIDT, darunter Schmidts Hamburger Privatadresse.

Unter dem Datum vom 2. Juni 1981 schrieb Begin eine Antwort an Schmidt: »Sehr geehrter Herr Bundeskanzler! Haben Sie vielen Dank für Ihr Schreiben vom 17. Mai und seien Sie versichert, daß ich auf Ihr Wort vertraue. Nicht alles, was mir in den Mund gelegt wird, habe ich tatsächlich gesagt und daß es Ihnen genauso geht, glaube ich Ihnen ungeprüft. Aber was soll man machen? Wir leben beide nun mal in Demokratien und der Preis, den wir dafür zu zahlen haben, besteht auch darin, daß wir uns nicht immer so zur Wehr setzen können, wie wir es möchten und wie es eigentlich richtig wäre. Ich kann es Ihnen gut nachfühlen, wie Sie sich angesichts des Verhaltens Ihrer Opposition gefühlt haben müssen. Sie können sich auf Ihre Opposition wenigstens noch verlassen. Unsere Herren von der Gegenseite gaben ein paar lauwarme Erklärungen ab und unter dem Tisch sollen sie sich sogar von mir distanziert haben! Ihre Opposition wünscht Ihnen, daß Sie sich beim Rasieren schneiden und verbluten? Aber wenn es darauf ankommt, hält sie trotzdem zu Ihnen. Meine Opposition wartet nur darauf, daß ich beim Zähneputzen ausrutsche und mir das Genick breche. Aber mit Hilfe des Allmächtigen, meiner Frau Alisa und der einfachen und anständigen Menschen in diesem Land werden deren Hoffnungen und Wünsche nicht in Erfüllung gehen. Hier war die Reaktion darauf, was ich über Sie gesagt habe, nicht so ungeteilt wie bei Ihnen. Ein paar Intellektuelle, die an allem etwas auszusetzen haben, haben mich kritisiert. Sei's drum! Die letzte Meinungsumfrage zeigt, daß wir unseren Vorsprung gegenüber der Opposition haben ausbauen können. Ende Juli haben wir hier, wie Sie sicher wissen, Wahlen. Sie würden mir einen großen Gefallen erweisen, wenn Sie etwa Mitte Juli aus irgendeinem Anlaß, der sich sicher ergeben wird, ein paar Sätze zur sogenannten Westbank, die wir Judäa und Samaria nennen, sagen würden. Keine große Erklärung, nur einige beiläufige Bemerkungen zu einem Besatzerregime, das der Bevölkerung ihre legitimen Rechte vorenthält. Nehmen Sie das bitte als einen Vorschlag, eine Anregung, deren Ausführung ich Ihnen ganz und gar überlasse. Es wäre nur gut, wenn Sie ...«

Die zweite Seite zu diesem Brief ist in der Mappe nicht enthalten. Wir werden deswegen nicht erfahren, was nach Ansicht von Menachem Begin gut wäre, wenn. Aber die Antwort von Helmut Schmidt zeigt, daß die beiden Regierungschefs ihre Kontakte über das politisch Nützliche hinaus entwickelt haben. Am 21. Juni 1981 schrieb Schmidt an Begin:

»Lieber Menachem Begin, heute nur ein paar Zeilen. Ich stecke mitten in den Vorbereitungen zu einer großen Parlamentsdebatte über die Neutronenwaffe und werde von allen Seiten angegriffen, auch aus den eigenen Reihen. Ich will Ihnen aber sagen, daß ich mich bemühen werde, eine passende Gelegenheit zu finden, um Ihre Anregung in die Tat umzusetzen. Falls Ihnen in der Zwischenzeit etwas Passendes zum Thema ›Die Deutschen und die Rüstung‹ einfallen sollte, so sprechen Sie es bitte laut und deutlich aus. – Meine Frau bedankt sich bei Ihrer Frau für die Hyazinthen aus dem Sinai. Loki hat sich über diesen Gruß sehr gefreut, diese Blumen haben in ihrer Sammlung bis jetzt noch gefehlt. Mit getrennter Post bekommen Sie einige Dosen des Beruhigungstees ›Nervenruh‹, um den Ihre Frau gebeten hat. Für die letzte Phase des Wahlkampfes wünsche ich Ihnen alles Gute, Ihr gez. Schmidt.«

Tatsächlich hat Schmidt bei einem Empfang für den Luxemburger Ministerpräsidenten Gaston Thorn Anfang Juli erklärt, das Selbstbestimmungsrecht für die Palästinenser sei die Grundvoraussetzung für eine friedliche Lösung des Nahostkonflikts. Israel könnte den Palästinensern dieses Recht nicht ewig vorenthalten. Irgendwie aber ging Schmidts Bemerkung unter und von Begin war nichts zum Thema »Die Deutschen und die Rüstung« zu hören.

Nach den Parlamentswahlen in Israel Ende Juli 1981 kam die Korrespondenz zwischen Begin und Schmidt zu einem Stillstand. Der eine Regierungschef war dermaßen damit beschäftigt, eine Koalition zusammenzubringen, wie der andere seine zusammenzuhalten, daß sie für einander keine Zeit übrig hatten. Einmal tauschten sie Bücher aus – Begin sandte Schmidt seine Lebenserinnerungen »The Revolt«, Schmidt revanchierte sich bei Begin mit einer bei Simon und Schuster in New York erschienenen Biografie von Disraeli; zum jüdischen Neujahr im Oktober schickten die Schmidts einen Gruß an die Begins (»Möge Ihnen das Neue Jahr den Frieden bringen, den Sie und Ihr Volk so dringend brauchen und ersehnen ...«), zu Weihnachten schickten die Begins einen Gruß an die Schmidts (»Let's hope the day will come soon when we will as comrades and unite our efforts to maintain the peace in Europe and the Middle East ...«); in der zweiten Hälfte des Jahres 1981 wurden zwischen Bonn und Jerusalem nur relativ unwichtige Nachrichten ausgetauscht. Einmal schickte Alisa Begin an Loki Schmidt ein Rezept für »Gefilte Fish«, und Loki Schmidt bedankte sich mit einem Rezept für »Lapskaus«. Helmut schickte an Menachem eine Platte mit Orgelwerken von Bach, und Menachem schickte Helmut eine Aufnahme mit yemenitischen Bar-Mitzva-Liedern.

Ernster wird der Kontakt wieder Anfang 1982, kurz vor dem israelischen Rückzug aus dem Sinai. Inzwischen hat man sich einander menschlich dermaßen genähert, daß Schmidt seinen Brief an Begin mit der

Anrede »Dear friend« beginnt, statt wie früher mit »Dear Prime Minister« oder »Dear Menachem Begin«. In einem Schreiben vom 6. April, in dem er auf einen früheren Brief Bezug nimmt, der in der Mappe allerdings nicht enthalten ist, schreibt Schmidt u.a.: »Hier in Europa wächst die Sorge, ob Israel sich an seine vertraglichen Verpflichtungen mit Ägypten halten und den Sinai zum vereinbarten Zeitpunkt räumen wird. Ich selbst habe keine Zweifel, daß Sie dies tun werden, aber meine Kollegen in den anderen Hauptstädten wie auch einige Minister in meinem Kabinett äußern Skepsis und Bedenken ...«

Begin antwortete u.a.: »Sie können Ihre Kollegen und Minister beruhigen. Ein Vertrag, den der israelische Ministerpräsident unterschrieben hat, ist so viel wert wie ein Scheck der Bank of America. Ich baue auf Ihre Verschwiegenheit, wenn ich Ihnen hiermit noch einmal versichere, daß wir den Sinai pünktlich zurückgeben werden, auch wenn es bis dahin gelegentlich so ausschauen sollte, als würden wir unsere Entscheidung noch einmal überdenken bzw. verschieben wollen. Wenn die Zahl der israelischen Siedler in Yamit bis zum Rückzug eher zunehmen als abnehmen wird, so hängt das mit gewissen Besonderheiten der israelischen Innenpolitik zusammen, die ich Ihnen gerne einmal ausführlich erklären werde. Unsere außenpolitischen Verpflichtungen bleiben davon völlig unberührt ...«

Ende April 1982 traf ein Mitarbeiter des sozialdemokratischen »Vorwärts« in Jerusalem ein. Er hatte vorher brieflich um ein Interview mit Menachem Begin nachgesucht und seinen Wunsch gleich doppelt begründet: Zum einen würde so ein Interview »den letzten Streit von damals endgültig aus dem Weg schaffen« und zum anderen würde der Bundeskanzler ein Interview für den »Vorwärts« als ein »Zeichen der Entspannung werten und sich u.U. entschließen, zu dem schon lange fälligen Besuch nach Israel zu kommen«; doch alles Bitten war vergeblich. Menachem Begin, der noch nie einem deutschen Journalisten ein Interview gegeben hat, verweigerte sich auch dem »Vorwärts«-Emissär. Statt dessen schickte er den Bitt-Brief an Helmut Schmidt und versah ihn mit handschriftlichen Bemerkungen. »Bloody crook«, »the guy is crazy«, »what a shmock« stand da am Rande.

Ende Mai schrieb Helmut Schmidt an Menachem Begin: »Lieber Freund, der Einfall mit dem Interview ist nicht von mir, glauben Sie es mir bitte. Der ›Vorwärts‹ ist zwar das Blatt des SPD-Parteivorstandes, aber die Redaktion ist weitgehend unabhängig. Wer die Idee hatte, ein Interview mit Ihnen für den ›Vorwärts‹ mit einem Besuch von mir in Israel zu verknüpfen, in dem Sinne, daß das eine dem anderen förderlich wäre, weiß ich nicht, aber er muß in jedem Fall von Politik wenig und von der Bedeutung des ›Vorwärts‹ auf meine Entscheidungen gar keine Ahnung haben. Als ob wir auf solche Vermittler angewiesen wären! – Darf ich Sie in diesem Zusammenhang, ganz direkt und unvermittelt, um einen Gefallen bitten? Wie Sie vielleicht gehört haben, steht es um die von mir geführte Koalition nicht gut. Meine Partei hat kürzlich in einem Bundesland (Hamburg) die Wahlen verloren. Auch wenn dies auf die Zahl der Sitze im Bundestag keinen Einfluß hat, so wirkt es sich doch auf das politische Klima aus. Bei unserem Koalitionspartner, den sogenannten Liberalen, mehren sich die Stimmen, die für ein Zusammengehen mit der Opposition plädieren. Die von mir geführte Koalition destabilisiert sich zunehmend, obwohl es dafür keinen unmittelbaren Anlaß gibt. (Ich bewundere die Art, wie Sie mit einer Stimme Mehrheit oder sogar ohne eine Mehrheit aus jedem Mißtrauensvotum als Sieger hervorgehen!) Würde es Ihnen etwas ausmachen, mir in dieser Lage wieder behilflich zu sein? Ein Grund ließe sich leicht herstellen. Ich könnte z.B. den Landwirtschaftsminister anweisen, in Brüssel für eine Beschränkung israelischer Zitrusimporte in die EG zu stimmen, was man damit rechtfertigen könnte, daß auch Spanien und Griechenland einen Anteil am europäischen Zitrusmarkt haben wollen. Sie könnten daraufhin an die besondere Verantwortung der Deutschen gegenüber dem jüdischen Volk erinnern und sagen, daß wir Deutschen immer billiger zu haben sind – eben noch für ein Faß saudischen Öls, heute schon für ein Glas griechischen Orangensafts. Aber ich will Ihnen da nichts vorschreiben, ich bin überzeugt, daß Ihnen die richtigen drastischen Bilder einfallen werden. Ich setze darauf, daß die Solidarität, die mir daraufhin wieder von allen Seiten zuteil wird, die Koalition zumindest für eine Weile wieder festigen wird. Ich muß nicht extra betonen, daß ich mich bei passender Gelegenheit revanchieren werde . . .«

Der Brief schließt mit ein paar Bemerkungen über den Herzschrittmacher, den Helmut Schmidt trägt. Vermutlich hat in einem Schreiben, das in der Mappe nicht enthalten ist, der schwer herzkranke Begin Schmidt um diese Information gebeten.

Soweit die Korrespondenz zwischen Begin und Schmidt, wie sie sich belegen läßt. Auf das letzte Schmidt-Angebot hat Begin entweder nicht geantwortet oder die Antwort liegt der Mappe nicht bei. Wie dem auch sei: Am 6. Juni marschierten israelische

Truppen in den Libanon ein, politische Beobachter nahmen mit Erstaunen zur Kenntnis, daß von allen »Verurteilungen« der israelischen Invasion die deutsche am mildesten ausfiel. Es wurde berichtet, Kanzler Schmidt habe bei der EG-Konferenz, in der Israel zum sofortigen Rückzug aus dem Libanon aufgefordert wurde, auf die anderen Teilnehmer mäßigend eingewirkt und off records sogar »ein gewisses Verständnis« für das israelische Vorgehen geäußert. So hat Helmut Schmidt bereits eine Vorleistung erbracht, für die Menachem Begin ihm den Dank nicht schuldig bleiben wird.

Diese ganze Geschichte ist auf den ersten Blick so unglaublich und abenteuerlich wie sie auf den zweiten einleuchtend und überzeugend ist. Was liegt in der Politik näher als ein Geschäft auf Gegenseitigkeit? Was für Schaukämpfe für ein begeistert-naives Publikum haben sich z.B. Schmidt und Strauß geliefert, um später beim Bundespresseball an einem Tisch zu sitzen und sich bestens miteinander zu unterhalten? Selbst Conny Ahlers, seligen Andenkens, fand nichts dabei, einer Regierung als Sprecher zu dienen, in der ein gewisser Franz Josef Strauß saß, der die Festnahme von Conny Ahlers und seine Inhaftierung als mutmaßlicher Landesverräter initiiert hatte. »The real truth begins behind the scene«, sagen die Briten. Die Wahrheit ist selten konkret, aber immer abenteuerlich.

Wiederjudmachung oder Für ein Sportabzeichen ist es niemals zu spät

Vor vielen Jahren, es können zwanzig oder noch mehr sein, lief in den Kinos der Bundesrepublik ein Film, der »Orden für die Wunderkinder« hieß, eine Satire auf die neuerwachte Leidenschaft der Bundesbürger für von Staats wegen verliehene Auszeichnungen. Die Hauptfigur war ein arbeitsscheuer aber einfallsreicher Hochstapler mit guten Manieren und sicheren Umgangsformen, der sich selbst zum Regierungsdirektor ernannte, ein leerstehendes Büro in einem Ministerium besetzte und anfing, Orden an geltungsbedürftige Mitmenschen zu verleihen, denen er zuvor eine hohe »Bearbeitungsgebühr« für eben diese Amtshandlung, die keine war, abgenommen hatte. Die so Ausgezeichneten fühlten sich geschmeichelt, zahlten bereitwillig, der falsche Regierungsdirektor wurde ein reicher Mann. Seine Köpenickiade flog nur durch einen Zufall auf. Der Ordensverleiher, gespielt von Karl Heinz Schroth, war durch seinen Erfolg übermütig und leichtsinnig geworden.

Ein solcher Film könnte heute nicht mehr gedreht werden. Wie so oft im Leben hat die Wirklichkeit ihre satirische Übertreibung längst ein- und überholt. Wozu es früher eines vorwitzigen Amtserschleichers bedurfte, der ein gesundes eigennütziges Motiv hatte, das besorgt heute die Bürokratie selber, mit einer Zielstrebigkeit, vor der jeder private Hochstapler anerkennend den Hut ziehen muß. Die Praxis der Ordensverleihungen der Bundesrepublik gibt gelegentlich zu einigem Befremden Anlaß, so zum Beispiel wenn die Betreuerin der Angeklagten im Majdanek-Prozeß mit dem Bundesverdienstkreuz geehrt wird, ein Fauxpas, der auf der Stelle revidiert wird, sobald die Presse ihn als solchen erkannt hat. Von solchen Pannen abgesehen, gibt es kaum einen Fußballtrainer, Kammersänger oder Handwerkskammervorsitzenden, der noch kein Bundesverdienstkreuz, mit oder ohne Stern und Schulterband, bekommen hätte. Wollte man dem Ordensegen einen positiven Aspekt abgewinnen, so könnte man sagen, hier werden auf dem Verwaltungswege soziale Unterschiede egalisiert, es wird eine Gleichheit hergestellt, die sonst durch Herkunft, Bildungsweg und andere biografische Faktoren verhindert wird. Der Zustand der totalen Gleichheit wäre freilich erst erreicht, wenn alle Bundesbürger Träger von Verdienstkreuzen wären, was eine Idee ist, die nicht von vorneherein als unrealisierbar verworfen werden sollte.

Die Sache hat noch einen anderen Aspekt, der zum Geschäftsbereich der kreativen auswärtigen Kulturpolitik gehört. Es werden Verdienstkreuze aller Art nicht nur an Bürger der Bundesrepublik verliehen, sondern auch an Angehörige anderer Staaten, meist in Anerkennung der Verdienste um die Gestaltung der Beziehungen zwischen eben jenen Staaten, denen die Ausgezeichneten als Staatsbürger angehören, und der Bundesrepublik.

Ich weiß nicht, ob es eine Statistik gibt, die darüber informiert, wie viele Orden in welchem Land verteilt werden. Aber ich bin sicher, daß – falls eine solche Liste tatsächlich geführt wird – Israel auf Platz Nr. 1

stehen müßte. Es gibt kaum einen aus Deutschland nach Palästina vertriebenen bzw. ausgewanderten Juden, der noch nicht im Zuge der ideellen Wiederjudmachung ein Bundesverdienstkreuz bekommen hätte; kaum einen Israeli, der Jaffa-Orangen in die Bundesrepublik exportiert und deutsche Kaffeemaschinen nach Israel einführt und dafür noch nicht dekoriert worden wäre; kaum einen deutschsprachigen Exil-Schriftsteller oder Vorsitzenden einer deutschen Landsmannschaft in Haifa oder Tel Aviv, dessen Bemühen, Palästina bzw. Israel an den deutschen Kulturraum anzuschließen, noch nicht mit jener kleinen Anstecknadel honoriert worden wäre, die nicht so auffällig ist wie der gelbe Stern, den die Geehrten früher verliehen bekommen haben, dafür aber auch nur zu festlichen und offiziellen Anlässen getragen werden sollte.

Leider ist Israel, sogar einschließlich der besetzten Gebiete, ein kleines Land. Vier Millionen Einwohner mögen als Reservoir für die stärkste Armee des Nahen Ostens genug sein, aber was das Potential für die Verteilung von deutschen Orden angeht, so wird die Personaldecke allmählich dünn. Nur so ist es zu erklären, daß neuerdings auch Persönlichkeiten ausgezeichnet werden, die früher bestenfalls mal zu einem Stehempfang mit Orangensaft und Salzstangen im Garten der deutschen Botschaft eingeladen worden wären. Da bekommt, zum Beispiel, der Schatzmeister der Jewish Agency, Akiva Lewinsky, das Große Verdienstkreuz der Bundesrepublik verliehen, »in Würdigung seiner hervorragenden Verdienste um das deutsch-israelische Verhältnis« und weil er sich »mit besonderem Engagement für die Aussöhnung zwischen Juden und Deutschen eingesetzt hat«; der Präsident der israelischen Lehrergewerkschaft, Shalom Lewin, bekommt das Bundesverdienstkreuz Erster Klasse »in Würdigung seines langjährigen bleibenden Beitrags zu den deutsch-israelischen Beziehungen« und weil er sich »schon früh für eine Zusammenarbeit deutscher und israelischer Lehrer eingesetzt hat«; und der »Beauftragte der Stadt Tel Aviv für internationale Fragen und Tourismus«, der Direktor des Städtischen Verkehrsamtes also, Jehuda Erel, bekommt auch das Bundesverdienstkreuz Erster Klasse, ebenfalls »in Würdigung seines langjährigen bleibenden Beitrages zu den deutsch-israelischen Beziehungen« und weil er – im Ernst – »bereits im Jahre 1963 die Enkeltochter Konrad Adenauers, Bettina, bei ihrem Besuch in Israel betreute«.

Solche Begründungen böten allerhand Stoff für Sprach- und Stilanalysen. Allein der immer wieder angeführte »Beitrag zu den deutsch-israelischen Beziehungen«, der nicht nur bleibend, sondern auch langjährig ist, gehört in die Kategorie der Mehrdeutigkeiten, die sich so oder so interpretieren lassen, wie das Essen, das nicht nur schlecht, sondern auch reichlich war. Kommt in solchen Formulierungen, wenn auch gänzlich unfreiwillig, noch ein gewisser Witz zum Vorschein, so hat die ebenfalls oft in Anspruch genommene »Aussöhnung zwischen Juden und Deutschen« den Point of No Return endgültig – also nicht nur langjährig, sondern auch bleibend – überschritten, wenn einem der Geehrten bescheinigt wird, »sein Engagement für internationale Verständigung ist vorbildlich« und wenn diese Beurteilung u.a. damit unterfüttert wird, der Betreffende habe die Adenauer-Enkelin Bettina bei ihrem Israel-Besuch betreut.

Bedauerlicherweise ist die Zahl der Enkelkinder

von Bundeskanzlern, an denen das Engagement für internationale Verständigung vorbildlich demonstriert werden kann, nicht beliebig zu erweitern und auch das Motiv der Aussöhnung zwischen Juden und Deutschen kommt mal an den Punkt, da es – durch ständige Wiederholung – einiges von seiner Glaubwürdigkeit einbüßt. In einer solchen Lage müssen sich die Verantwortlichen etwas Neues einfallen lassen, wollen sie mit der Praxis der Ordenszuteilung, auch unterhalb der Ebene von Verdienstkreuzen, fortfahren. Der israelische Lehrer Eliahu Ben-Jehuda bekam kürzlich vom deutschen Botschafter in Tel Aviv das deutsche Sportabzeichen überreicht. Er hatte als 19jähriger im Jahre 1933 in Gelsenkirchen an einem Sportwettbewerb teilgenommen; die Auszeichnung, auf die er kraft seiner Leistungen einen Anspruch hatte, war ihm, dem Juden, damals von den Nazis verweigert worden. Nun, nach 51 Jahren, hat der Präsident des Deutschen Sportbundes, Willy Weyer, die Verleihung mit einer besonderen Urkunde nachgeholt.

Das Beispiel kann Schule machen. Es steht zu erwarten, daß demnächst ein wahrer Regen von deutschen Sportabzeichen über Israel niedergehen wird, die ihren bejahrten Empfängern vom deutschen Botschafter eigenhändig bis ins Altersheim nachgetragen werden. Ist diese Zielgruppe erstmal erfaßt und versorgt, können weitere Unterlassungen nachgeholt werden. Es gibt etliche ehemalige deutsche Staatsbürger, die heute Israelis sind, denen seinerzeit bei Schützenfesten die Würde des Schützenkönigs vorenthalten wurde, die einen bis heute nicht eingelösten Anspruch auf das große Bilderbuch »Die deutschen Landschaften« haben, das sie bei einem Persil-Preisausschreiben gewonnen aber nicht erhalten haben, die in reichsdeutschen Gesangs-, Schäferhund- und Schrebervereinen hervorragende Arbeit leisteten und nur, weil sie Juden waren, bei einer Vereins-Tombola aus Anlaß von Führers Geburtstag übergangen wurden. Die ideelle Wiederjudmachung wäre ihren Namen nicht wert, wenn sie sich nicht auch solcher Fälle annehmen würde. Diesbezügliche Anträge nimmt die deutsche Botschaft in Tel Aviv dankbar entgegen.

Die Mutter Theresa für den kritischen Studienrat

Geduldig lauschte der Laureat, soeben 65 geworden, den vielen Lobreden, die auf ihn gehalten wurden. Nachdem er, als letzter Redner, schließlich selbst die Bühne erklommen, den Stuhl zurechtgerückt, die Aktenmappe, aus der er ein Bündel Papiere entnommen, zur Seite gepackt und die Jacke abgelegt hatte, bedankte er sich bei jenen, die ihm zu Ehren gekommen waren, mit einem Gedicht:

Weil ich viele verschiedene von Euch liebe
schreibe ich keinem einzigen von Euch zuliebe
Ihr könnt mich natürlich verschieden auslegen
aber auch wenn man mich sonst hinauslegt
lasse ich mich
solange ich nicht verschieden bin
nicht in jeder von diesen verschiedenen
Auslegungen einlegen
Denn sonst dachte ich am Ende
oder vor meinem Ende
daß ich mich zuletzt doch
wenn auch ohne Eure böse Absicht
hereinlegen ließ

Tosender Beifall schlug dem Dichter entgegen, als habe da ein Magier aus einem leeren Zylinder einen lila Elefanten herausgezaubert. Eintausend Festbesucher, unter ihnen ein amtierender und ein pensionierter Bundeskanzler, waren hingerissen und konnten sich der ruhigen Gewißheit hingeben, daß der »Staatspreis für Verdienste um die österreichische Kultur im Ausland« an den Richtigen verliehen worden war: Erich Fried, der 48 Jahre zuvor Wien verlassen hatte, freilich nicht um österreichische Kultur im Ausland zu verbreiten, sondern um sein Leben zu retten. Die Feier im Wiener Konzerthaus war ein Akt der Aussöhnung. Österreich verzieh dem bekannten Exilanten, daß er seiner Heimat den Rücken gekehrt hatte und der entlaufene Sohn seinerseits nahm die Ehrung so dankbar und gerührt entgegen, als gäbe es zwischen der Tatsache seiner frühen Vertreibung und der späten Auszeichnung keinen kausalen Zusammenhang.

Bei dieser Gelegenheit stellte er sogleich seine primäre Begabung unter Beweis: daß er schnell wie kein anderer dichten kann, vom Unreinen ins Reine und notfalls auch umgekehrt. Das »Fest für Erich Fried«, von dem Berliner Verleger Klaus Wagenbach für seinen Bestseller-Autor aus Anlaß der Staatspreis-Verleihung arrangiert, war noch nicht beendet, und schon hatte der Preisträger das Ereignis mit einem Gedicht gewürdigt, das er zwar als vorläufig und korrekturbedürftig, sozusagen unter poetischem Vorbehalt, vorstellte, dessen Rezitation er sich dennoch nicht versagen mochte – dermaßen jenen inneren »Äußerungszwang« in die Tat umsetzend, der ihm von Hans Mayer, einem der Festredner, so treffend bescheinigt worden war.

Aber Erich Fried, Jahrgang 1921, ist nicht nur ein schneller Dichter, der »jede Zeitungsmeldung zu einem Gedicht verarbeiten kann« (Marcel Reich-Ranicki); mehr als zwei Dutzend Gedichtbände mit einer Auflage von über 300 000 Exemplaren, wobei allein die »Liebesgedichte« mit 150 000 zu Buche schlagen, dazu ein Roman, ein Theaterstück, eine Oper und eine Handvoll Prosabände mit Erzählungen und Kurzgeschichten weisen ihn als einen ebenso fleißigen wie erfolgreichen Autor aus. Jedes Jahr erscheint wenigstens ein neuer Fried-Band. »Der Erich«, wie ihn seine Freunde nennen – und zu diesen zählen sich alle, die ihn lesen – ist vermutlich der einzige zeitgenössische Lyriker, der das Versemachen hauptberuflich betreibt. Dabei kommt ihm die Befähigung zugute, pro Tag bis zu zwölf Gedichte schreiben zu können, obwohl er auf Befragen, wie er so ein Quantum schaffe, einschränkend feststellt: »Ein Gedicht schreibe ich natürlich nur, wenns mir einfällt.«

Daß ausgerechnet Erich Fried, ein Wiener Jude, der seit 1938 seinen Wohnsitz in London hat und britischer Staatsbürger ist, zum populärsten deutschen Lyriker der Gegenwart avancieren konnte, gehört einerseits zu den bizarren Fußnoten der deutsch-jüdischen Geschichte und hat andererseits nur bedingt etwas mit der Qualität seiner Arbeiten zu tun. Die Frage nach der literarischen Solidität der Gedichte von Erich Fried zu stellen, wäre genauso deplaziert, wie das ärztlich-humanitäre Werk von Albert Schweitzer nach der Güte seines Orgelspiels beurteilen zu wollen. Für Erich Fried gelten andere Maßstäbe; das Adjektiv, das im Zusammenhang mit ihm und seinen Werken am meisten gebraucht wird, lautet: »engagiert«.

Fried ist »der Prototyp des engagierten Lyrikers« (Saarbrücker Zeitung), er schreibt »engagierte Poesie« (Abendzeitung), »didaktische Poesie« (Die Zeit), »politisch angewandte Poesie« (profil); seine »engagierten funktionellen Gedichte« (Der Tagesspiegel) sind »eine Absage an das bürgerliche Literaturverständnis« (Frankfurter Rundschau), die »engagierten Zeitgedichte« nennen »die Tatsachen beim Namen«

(Neue Züricher Zeitung); Fried, »der Rufer gegen den Völkermord, dieser deutsche Moralist« (Frankfurter Allgemeine), die »Symbolfigur der pazifistischen Linken« (Frankfurter Rundschau), ist »ein trotziger, aufrührerischer, widerspenstiger, unbequemer Dichter, ein Nein-Sager«, der »gegen Unrecht, Verbrechen, Verrat und Gewalt, gegen Leiden und Erniedrigung« kämpft (Frankfurter Allgemeine), der »gegen Lüge, Dummheit, Gleichgültigkeit, Heuchelei und Opportunismus zu Felde« zieht und »dabei nicht im Unverbindlichen stecken bleibt« (Ost-Berliner Zeitung); er ist »ein Mann mit einem poetischen Kopf und einem politischen Herzen«, der »Stellung nimmt, wos nottut, Partei ergreift, wos keiner sonst tut« (Brigitte), dem »für sein Engagement gegen Unmenschlichkeit« von der Liga für Menschenrechte die Carl-von-Ossietzky-Medaille verliehen wurde, weil er den »großen Zorn eines Propheten besitzt, der um des Friedens willen auch zuweilen Unfrieden zu stiften bereit ist«.

Da kann man nicht umhin zu fragen, wann dieser Mann, der sich selbst »gutmütige Dickköpfigkeit und dickköpfige Gutmütigkeit« attestiert und, in aller Demut, gerne »Herrscher der Welt« geworden wäre, »um sie einzurichten«, wann er angesichts seines vielfältigen Engagements noch zum Schreiben kommt? Oder könnte es sein, daß Frieds zahlreiche Jubilanten das Schreiben von Gedichten schon für den hinreichenden Nachweis eines rastlos-allseitigen Engagements halten? Daß ein netter Aphorismus wie »Wer will, daß die Welt so bleibt, wie sie ist, der will nicht, daß sie bleibt« als engagierte Partei- und Stellungnahme gilt und ein lieber Kalenderspruch wie »Wichtig ist nicht nur, daß ein Mensch das Richtige denkt, sondern auch, daß der, der das Richtige denkt, ein Mensch ist«, jeweils zu Versen gebrochen, als der Beginn eines Feldzuges gegen Lüge, Heuchelei und Opportunismus verstanden wird?

Es wäre indessen ungerecht zu behaupten, daß Frieds Engagement sich darin erschöpft, durch Zeilenbruch und Verzicht auf Interpunktion Plattitüden in Poesie zu verwandeln. Im Jahre 1969, als die Revolution ausgemachte Sache war und es nur noch darum ging, diese Unvermeidlichkeit der zögernden Bevölkerung richtig zu vermitteln, verlautbarte Erich Fried: »Ich bin für Revolution, weil es ohne nicht geht« und erklärte die Sozialdemokraten »rein vom sozialistischen Zielgedanken aus betrachtet« für nicht wählbar.

Seitdem folgt Fried jedem Polit-Trend, wobei es den Anschein hat, als ginge er ihm voraus. Wozu er sich auch äußert, es spricht immer der Zeitgeist aus ihm. Den österreichischen Sozialdemokraten stellt er in toto eine Unbedenklichkeitsbescheinigung aus; es komme nicht darauf an, welcher Flügel der SPÖ die Politik dominiere, »wichtiger ist, daß die SPÖ dominiert«; immerhin, zwischen dem revolutionären Radikalismus und dem pragmatischen Bekenntnis zur Sozialdemokratie lagen 16 Jahre und etwa ebenso viele Gedichtbände. In einem Interview mit dem deutschen »Vorwärts« begrüßt Fried die Ankündigung einiger deutscher Schriftsteller, für den Fall der Aufstellung von US-Raketen in der BRD zu »Taten zivilen Ungehorsams« zu schreiten, hält aber das Vorhaben der Kollegen für nicht genug: »Man müßte mehr machen, das Organisieren eines Generalstreiks wäre wesentlich besser ...« Nachdem die Raketen doch aufgestellt worden sind, analysiert er das Versagen der Friedensbewegung, die »durch ihre eigene Torheit schwer geschädigt wurde«, da sie »zu einer Zeit, da die Stationierung der Raketen nicht mehr zu vermeiden war, keine andere Losung auszugeben wußte als eben die Verhinderung der Raketen« und damit ihre »unvermeidliche Niederlage« herbeigezwungen hat.

Auf die Frage der Hamburger Rundschau, wie die deutsche Linke auf die Gewalt von autonomen Randgruppen reagieren sollte, antwortet er entschieden: »Kurzfristig gibt es da nur die Möglichkeit, dagegen vorzugehen. Langfristig müßten die Ursachen aus der Welt geschaffen werden . . .« – So genau wollten es die Leser der Zeitung vielleicht gar nicht wissen.

Und wenn Fried dann, in einem Gespräch mit der Frankfurter Rundschau, zu einer politischen Tour d'horizon antritt, über die »furchtbaren Fehler« doziert, welche die Sowjetunion »in ihrem Aufbau« gemacht hat, kurz darauf Hitlers »vorbildliche Tierschutzgesetzgebung« erwähnt, um zu zeigen, »daß Unmenschen nicht von Baby an Unmenschen sind, sondern dazu gemacht werden« und gleich anschließend »die Frage des Überlebens« stellt und selbstverständlich souverän beantwortet (»Wir müssen gegen die totale Verlustchance arbeiten!«), dann betreibt er genau jene Art von Trivialphilosophie, der auch Helmut Kohl seine Popularität verdankt. Kohls ». . . man muß die Dinge doch einmal auf den Punkt bringen« entspricht Frieds ». . . das ist doch klar«, wenn er einen durchaus unklaren Gedanken unterstreichen möchte. Fried ist, wie Kohl, nur eben andersrum, völlig immun gegen selbstgemachte Peinlichkeiten, ob er nun, wie zum Beweis des Gegenteils, treuherzig versichert: »Wer mich kennt, der weiß, daß ich keine Gefälligkeitsrezensionen schreibe« oder sich selbst ein anständiges Führungszeugnis ausstellt: »Wer mich kennt, der weiß, daß ich auch in schärfsten Auseinandersetzungen Gehässigkeit und klebriges Schlechtmachen Andersdenkender zu vermeiden suche.« Er ist eben ein guter Mensch und er teilt es mit. Darum kann er auch, ohne zu erröten, sagen: »Ich bin daran interessiert, daß in der Dritten Welt nicht jedes Jahr fünfzehn Millionen Kinder verhungern« und auf die Frage, was sein »Traum vom Glück« wäre, antworten: »Unermeßlicher Reichtum, gegen Hungersnöte und um dort, wo dringend nötig, Umsturz zu unterstützen.«

Und was passiert dort, wo es nicht dringend nötig ist?

Mag sein, daß Fried seinen Ruf, »engagiert« zu sein, sich »dichtend ins politische Handgemenge« zu mischen, worunter eine begeisterte Rezensentin in einem Atemzug »den Vietnam-Krieg, den Baader-Meinhof-Komplex, Auschwitz, den Nahostkrieg, den Sturz Allendes in Chile, die Verhängung des Kriegsrechts in Polen« subsumierte, mag sein, daß Fried das Ansehen eines poetischen Superman seinem »Äußerungszwang« verdankt, der ihn zu allem etwas sagen läßt. Wo es ihm schon nicht vergönnt war, Herrscher der Welt zu sein, um sie einzurichten, will er wenigstens nicht versäumen darzulegen, wie er die Welt eingerichtet hätte, wenn ihm die Gelegenheit dazu gegeben worden wäre. Diesem doppelten Konjunktiv verdankt das Unrecht von Chile bis Polen seinen Fortbestand und die Fried-Gemeinde immer neuen Lesestoff. Sein »Engagement«, dem er nicht nur in Gedichten, sondern auch in zahllosen Statements und Leserbriefen permanent Ausdruck verleiht, überträgt sich auf die Konsumenten seiner Werke, die schon dadurch, daß sie »engagierte Lyrik« lesen, sich für »engagierte Leser« halten können. Was Fried vermittelt, ist das Gefühl, an Auseinandersetzungen, Klassenkämpfen und Revolutionen teilzunehmen, immer auf der richtigen Seite der Barrikade und dabei mittendrin in der alternativen Wohnküche mit dem Che- und Rudi-Poster an der Wand. Er ist die Mutter Theresa für den kritischen Studienrat mit SDS-Erfahrung. Und auch da, wo Fried nicht für die Ausgebeuteten und Unterdrückten Partei ergreift, wie zum Beispiel in den Liebesgedichten, zeigt er das richtige Bewußtsein und läßt seine Leser daran teilhaben. Auch wenn »nicht alle Texte gleichermaßen als Gedichte überzeugen«, schrieb mal ein ergebener Rezensent in der FAZ, »als Transportmittel aufrechter Gesinnung« seien sie beachtlich, denn: »In seinem Mund bekommen selbst allgemeinste, sonst recht floskelhafte Behauptungen unverwechselbaren, zutiefst humanen Klang«. Zum Beleg führte der Rezensent einen Fried-Satz an, den selbst Helmut Kohl neidisch machen müßte: »Weder Literatur noch Psychologie, noch politische Parteien allein können die Welt retten. Die Welt kann nur von Menschen gerettet werden.«

Wer wollte dem widersprechen und das Risiko der Feststellung auf sich nehmen, hier sei kein großer Dichter am Werke gewesen, sondern ein Transportunternehmer für aufrechte Gesinnung, dem bei der Tal-Fahrt die Bremsen versagt haben müssen?

Aber gerade solche Nullsätze von zutiefst humanem Klang haben Fried »devot lauschende Fans eingebracht, die vom Guru die endgültigen Antworten auf ihre Fragen erhoffen« (Text und Kritik); in seinen Lesungen trifft sich eine Gemeinschaft Gleichgesinnter und Gleichgestimmter, die ihren Bedarf an väterlicher Autorität und geistiger Führung befriedigen können, ohne sich solcher Regungen schämen zu müssen. Frieds Klientel unterscheidet sich von der eines Erich von Däniken nur dadurch, daß sie nicht wissen will, wie die Menschen auf die Erde gekommen sind, sondern was aus dem Planeten werden soll. Und wenn der Maestro dann den Satz: »Wenn die Friedensliebe der einen mit voller Wucht auf die Friedensliebe der anderen stößt, gibt es Krieg« als sechszeiliges Gedicht vorträgt, bei den letzten drei Worten die Stimme senkt und das Tempo verlangsamt, spüren alle das drohende Unheil über sich im Raume schweben und nehmen sich vor, bei der unvermeidlichen Diskussion nach der Lesung zu fragen, wie die Katastrophe vielleicht doch noch abgewendet werden könnte. Darauf wird Erich Fried den Ratschlag geben: »Es ist sehr wichtig zu wissen, daß man gegen Vernichtung kämpfen muß, auch wenn man keine Garantie hat, daß dieser Kampf erfolgreich ist ...« Und gefragt, ob es denn noch sinnvoll wäre, in diesen Zeiten Gedichte zu schreiben, wird Fried mit einem Gedicht antworten, dessen Schlußzeile die Frage dahingehend beantwortet, daß eine Welt, »die vielleicht an ihrer Zerrissenheit untergeht«, einem Gedicht besser keine Vorschriften machen sollte.

Frieds poetisches Engagement kann auf einen sehr einfachen Umstand zurückgeführt werden. In der räumlichen Enge seiner Wohnung, so erklärte er mal in einem Interview, ließen sich Gedichte leichter schreiben als Prosa. Seine Lyrik ist zum baldigen Verbrauch bestimmt, das Verfallsdatum wird von der Zeitdauer der Abstände zwischen den Ereignissen diktiert, die er versemäßig verarbeitet. So kommt es, daß viele Gedichte, die älter als eine Woche sind, eingeführt, erklärt, begründet werden müssen. Bei etlichen Gedichten sind die Fußnoten, die ihre Entstehung erläutern, länger als die Gedichte selbst. Gesinnung braucht eben Raum, um sich zu verbreiten. Bei den Lesungen trägt er vor, aus welcher Stimmung heraus ein Gedicht geschrieben wurde und wie es interpretiert werden muß. Fried überläßt nichts der Phantasie des Lesers/Zuhörers, spricht alles aus, was er mitteilen will. Selbst in den »Liebesgedichten«, denen eine süchtig machende Wirkung nachgesagt wird, die aber nur belegen, daß Pubertät ein lebenslanger Gemütszustand sein kann, zeigt er sich als ein besorgter Buchhalter. *»Dich bedecken/nicht mit Küssen/nur einfach/mit deiner Decke/(die dir von der Schulter/geglitten ist)/daß du/im Schlaf nicht frierst ...«* – Das ist kein Meisterwerk, wäre aber zu ertragen, wenn da nicht mittendrin diese entsetzliche Klammer wäre: »(die dir von der Schulter/geglitten ist)«. Fried befürchtet offenbar, der Leser könnte sich fragen, warum da jemand im Schlaf friert, ob sie oder er oder es womöglich keine Decke hat und warum nicht. Also muß er erklären, was mit der Decke passiert ist. Ginge es um ein Kind in der Dritten Welt, würde er wahrscheinlich sagen, die Eltern könnten sich nicht genug Decken leisten.

Frieds Coming out als »engagierter Dichter« fiel in eine bewegte Zeit. 1966 erschien sein Gedichtband »und Vietnam und«, der »entscheidend mithalf, einer ganzen Generation die Augen darüber zu öffnen, was in Vietnam im Namen der pax americana vor sich ging« (taz); davor waren zwar schon sechs seiner Werke, vier Gedicht- und zwei Prosabände, in der

Bundesrepublik erschienen, aber sie wurden »nur kühl und höflich, bestenfalls respektvoll registriert« (Reich-Ranicki). »Und Vietnam und« bedeutete den Durchbruch, zuerst beim Publikum, später auch bei den Medien. Fortan galt Fried als »engagiert«. Dabei stand er zu dieser Zeit, Mitte der 60er Jahre, schon seit langem in einem festen Arbeitsverhältnis: als Kommentator des »German Soviet Zone Programme« der BBC. 1952 hatte er seine Mitarbeit bei der BBC angefangen. Siebzehn Jahre lang schrieb und sprach er als eine Stimme der Freien Welt antikommunistische Prosa in Richtung Osten, bis ihm eines Tages aufging, was er da trieb. 1968 gab er den Job auf. In einem »Abschiedsbrief an Ostdeutschland«, den Fried zum Abschluß seiner BBC-Tätigkeit verlas, erklärte er, nicht seine Kommentare, sondern ihr Stellenwert hätten ihn »unfreiwillig zu einem Propagandisten des Kalten Krieges« gemacht; er habe nunmehr eingesehen, daß seine frühere Verurteilung der Berliner Mauer unberechtigt gewesen sei, die wahre Bedrohung des Friedens komme von Präsident Johnson und der Bundesrepublik, in der es heute schlimmer zugehe als zu Hitlers Zeiten ...

Der Weggang von der BBC, das Ende seiner »unfreiwilligen« Aktivität als Propagandist des Kalten Krieges, fiel nicht zufällig mit dem Erfolg von »und Vietnam und« zusammen. Da galt es, die bis dahin vorgelegte Lyrik-Produktion auf den letzten Stand des Bewußtseins zu bringen. Im selben Jahr, 1968, distanzierte sich Fried gleich noch ein zweites Mal von sich selbst. Im Vorwort zur Neuauflage seiner 1958 erschienenen »Gedichte«, die er nun um »Gegengedichte« und Erklärungen ergänzte, schrieb er, es seien »unengagierte« und »versponnene« Verse gewesen, in denen »Flucht und Hoffnungslosigkeit« vorgeherrscht hätten. Und seitdem – der Zeitpunkt läßt sich ziemlich genau festlegen – gilt Fried als ein »engagierter«, ein »unbequemer« Dichter. »Unermüdlich schrieb er nun Protestgedichte, nahm er an Protestveranstaltungen teil, hielt er Protestreden, machte er Protestreisen«, bis er zur »lyrischen Kontrollinstanz« wurde, die den »permanenten Protest verkörperte« (Reich Ranicki). So kam er in den notorischen Ruf, engagiert und unbequem zu sein – dank der eigenen Umtriebigkeit und mit der – unfreiwilligen – Hilfe einiger Hysteriker im öffentlichen Dienst, die Frieds Wortspielereien für das nahmen, als was er sie verstanden wissen wollte: poetisch verkleideten Aktionismus, revolutionäre Kleinkunst.

Nachdem er die Erschießung von Georg von Rauch in einem Leserbrief an den SPIEGEL »Vorbeugemord« genannt hatte, erstattete der Berliner Polizeipräsident Anzeige gegen Fried wegen Beleidigung. Es kam zu einem vielbeachteten Prozeß, bei dem Heinrich Böll als Sachverständiger auftrat und den Begriff »Vorbeugemord« als eine Variante von »vermeintlicher Notwehr« definierte. Fried versicherte, er habe weder den polizeilichen Todesschützen noch die Polizei beleidigen wollen. Das Verfahren endete mit Freispruch.

Sofort nach der Ermordung von Generalbundesanwalt Buback verfaßte Fried ein Gedicht, das von seinem Verlag umgehend zum Vorabdruck feilgeboten wurde. Beim Wettlauf mit der Aktualität und dem BKA passierten Autor und Verlag ein paar Schnitzer. In der Schlußzeile rutschte ein »so« an die falsche Stelle. Statt: »Es wäre besser gewesen/ein Mensch/hätte nicht so gelebt« stand da: »Es wäre besser gewesen/ so ein Mensch/hätte nie gelebt«.

Fried wurde verdächtigt, mit den Terroristen zu sympathisieren und deren Taten zu billigen. Er selbst meinte, mit dem Gedicht »Trauerarbeit« geleistet zu haben.

Kaum war dieser Sturm um einen Satzfehler vorbei, kam Fried ein Provinzpolitiker zu Hilfe, der für seine Fehlleistungen berühmt ist. Der Bremer CDU-Vorsitzende Bernd Neumann erklärte öffentlich, er würde Frieds Gedicht »Die Anfrage« (das in einer Bremer Schulklasse behandelt worden war) »lieber verbrennen«, als es Schülern vorzusetzen. »Bücherverbrennung« schallte es quer durch die Republik, die besten Köpfe der Nation solidarisierten sich mit Fried.

Das wars, was Fried einen Ehrenplatz in der Halle der Helden und Märtyrer einbrachte, drei Affären in 20 Jahren, jede für sich kaum mehr als ein dramatisiertes Mißverständnis. Um das Kapitel der sogenannten »Fried-Skandale« zu vervollständigen: Der bayerische Kultusminister Hans Maier ließ ein Gedicht von ihm aus einem Schullesebuch entfernen, d.h. er machte die Zulassung des Buches zum Schulgebrauch von der Herausnahme einiger Beiträge abhängig. Zusammen mit Fried flogen auch Arbeiten von Wolf Biermann, Hubert Fichte und Günter Wallraff aus dem Lesebuch, aber nur im Falle von Fried taucht diese Miniatur aus dem bayrischen Kulturleben immer wieder als Präsenzbeweis auf – einerseits für die politische Relevanz, also Gefährlichkeit, des Dichters und andererseits für das Unrecht, das ihm zugefügt wird. Der Name Fried steht nicht nur da als Gattungsbegriff für

»engagierte Dichtung«, sondern auch als Synonym für die Verfolgung derselben.

Mag sein, daß Fried an diesem Mißverständnis unschuldig ist, seine Fans pflegen es jedenfalls mit Hingabe. Der »neben Heinrich Böll meistbeschimpfte deutsche Schriftsteller« wäre, ginge es nach seinen Widersachern, »aus dem deutschen Kulturleben längst eliminiert worden« (Der Spiegel); er ist »einer der umstrittensten deutschen Dichter, angefeindet wie kein zweiter, verteufelt, denunziert und verleumdet« (Brigitte); »die Kritik, die er herausfordert« habe oft die »Grenzen des Erträglichen« überschritten (betrifft: erziehung); »die Widerstände, die bundesdeutsche Verleger und Rezensenten ihm entgegenbringen, ähneln zuweilen unausgesprochenen Berufsverbotserklärungen« – diesen Satz konnte man Anfang 1978 in der Frankfurter Rundschau lesen, zu einer Zeit, da zwei Dutzend Bücher von Fried in der Bundesrepublik erschienen waren und die Zahl der Rezensionen seiner Werke längst dreistellig war. Tatsächlich können nur wenige Autoren einer so weitgespannten Aufmerksamkeit sicher sein, von der FAZ bis zur UZ. Und kaum einer wird so über den rosaroten Klee gelobt und so wohlwollend kritisiert. Fragt mal ein Kritiker: »Wie gut sind diese Gedichte?«, dann entschuldigt er sich sogleich für die häretische Geste und versichert: »Die Gedichte verdienen gelesen zu werden, weil sie die erste Bedingung politischer Lyrik erfüllen: aufrichtig zu sein.« Und schreibt mal einer von einem »lyrischen Tageszeitungsjournalisten«, bei dem »das Gutgemeinte für gut gehalten wird« oder nennt seine Produktion »unüberschaubar«, steigen die Fried-Fans auf die Barrikaden und schreien Rufmord. Als Jörg Drews es wagte, in der Süddeutschen Zeitung von einem »Merkverselieferanten« zu sprechen, der »jede Art von Qualitätskontrolle über seine Gedichte verloren hat und schwatzhaftes Gestammel als Liebeslyrik veröffentlicht«, als er Frieds poetisches Schaffen unter »neue Weinerlichkeit und neue Einfalt« rubrizierte, wurde ihm ob solchen Frevels umgehend in Wagenbachs »Freibeuter« entgegengehalten, er sei »zur Rechten übergelaufen«. Wirklich kritische Auseinandersetzungen mit Frieds literarischem Schaffen lassen sich, über Jahre, an den Fingern einer Hand abzählen – ein erstaunliches Ergebnis für einen Autor, der pro Jahr ein bis zwei Bücher veröffentlicht, die einander zum Verwechseln ähnlich sind. Gemessen an den Reaktionen der Kritik an Grass, Böll, Enzensberger ist Fried everybody's darling.

Wie kommts? Handelt es sich hier um ein Phänomen, das in der Welt der Märchen und Fabeln unter der Bezeichnung »Des Kaisers neue Kleider« bekannt ist?

Sicher, Fried hat einige sehr gute Gedichte und eine Anzahl beachtlicher Epigramme, die er zu Gedichten zerdehnt hat, geschrieben. Aber kein Mensch würde einen Artisten, dem nur jeder 50. oder 100. Salto rückwärts gelingt, für einen großen Künstler halten. Genau dies ist bei Fried der Fall. Die große Masse seines Œuvres von über 10 000 Gedichten gehört in das Feld der radikalen Mittelmäßigkeit, wo der unmittelbare Gebrauchswert höher benotet wird als jeder ästhetische Anspruch. Frieds Wortspielereien folgen immer demselben Muster, die Pointen sind absehbar, die Moral von der Geschicht ebenso durchschaubar wie die didaktische Absicht. »Ist eine Demokratie/in der man nicht sagen darf/daß sie keine/

wirkliche Demokratie ist/wirklich eine/wirkliche Demokratie?« – Das reicht, um Einverständnis mit dem Publikum und Anerkennung als Querdenker zu erzielen.

Was also macht Frieds Erfolg bei den Lesern aus und die hohe Wertschätzung bei den Kritikern, die eine Kristiane Allert-Wybranietz (»Mit lieben Grüßen«) gnadenlos niedermachen, obwohl sie ihre Gedichte, namenlos vorgelegt, von denen Frieds nicht unterscheiden können? Wie kann das Phänomen Fried erklärt werden, wenn einem »des Kaisers neue Kleider« als Vorlage nicht reicht?

»Man könnte Fried stellenweise der Banalität bezichtigen, wenn er nicht Jude wäre ...«, schreibt Brigitte Schwaiger, die offenbar keine Ahnung hat, zu was für Banalitäten Juden imstande sind.

»Erich Fried, der Jude, lehnt sich erbittert auf gegen die Losung ›Auge um Auge, Zahn um Zahn‹«, sagt Hans Mayer, als gelte es, einen Kannibalen zu loben, der Vegetarier geworden ist.

»Seine Lyrik ist Trauerarbeit eines, der Vergangenheit tatsächlich bewältigen mußte: seine Eltern wurden in Konzentrationslagern ermordet«, schreibt die Wiener »Presse«, dermaßen klarstellend, daß Vergangenheitsbewältigung Sache der Opfer und ihrer Nachkommen ist.

Diese Aufgabe hat Fried, stellvertretend für jene, die keine Vergangenheit bewältigen müssen, weil deren Angehörige schlimmstenfalls mordeten aber nicht ermordet wurden, auf sich genommen. »Als Jude und Hitleropfer«, »als Jude, der die Vertreibung aus meiner Heimat und den Mord an meinen Angehörigen erleben mußte« – so fängt er gerne seine Statements an. Freilich – allein die Tatsache, daß er

Jude und NS-Verfolger ist, könnte nicht ausreichen, ihn gegen die Bezichtigung banal zu sein, immun zu machen. Der Juden-Bonus, den Fried eingeräumt bekommt, bezieht sich auf eine andere Eigenart. Er ist nicht einfach Jude wie Juden Juden sind, er ist ein guter, ein anständiger Jude, einer, der immerzu von der Notwendigkeit der »Feindesliebe« spricht, der nicht dem bekannten alt-testamentarischen Rachegeist mitsamt seiner Losung »Auge um Auge, Zahn um Zahn« anhängt. Fried macht kein schlechtes Gewissen, er entspannt es. Er ist die schönste Absolution, die über das »andere Deutschland« kommen konnte. Und eine preiswerte dazu. Ein Bändchen Fried-Gedichte, und schon hält man einen Doppelbeweis in der Hand: daß es auch Juden gibt, die einen nicht ständig mit Anklagen und Vorwürfen belabern und daß man einem Juden ganz unbefangen gegenübertreten kann, nicht, wie im deutsch-jüdischen Verhältnis üblich, mit Schuldgefühlen, sondern von Mensch zu Mensch, geeint durch die gemeinsame Angst vor dem 3. Weltkrieg, Waldsterben und radioaktiven Radieschen.

Wenn Fried »Ich als Jude ...« sagt, und er sagt es oft, dann signalisiert er damit seinem Publikum: Ich bin, *obwohl* Jude, einer von euch. Und er sagt immer dann »Ich als Jude ...«, wenn er sich gleich darauf von anderen Juden distanziert. In einem Interview mit der ZEIT machte er eine geradezu sensationelle Enthüllung: Die Juden, die in Frankfurt gegen das Faßbinder-Stück demonstriert hatten, waren »zum größten Teil keine *deutschen* Juden, sondern sogenannte *displaced persons*« (KZ-Überlebende, die nach Deutschland gekommen sind und eingebürgert wurden) und außerdem »zum allergrößten Teil auch

Zionisten«, was so klang, als wollte er sagen: Rumtreiber ohne festen Wohnsitz und Kriminelle. In jedem Falle genügte ihm das, um den Protest der Frankfurter Juden für unglaubwürdig und unberechtigt zu erklären. Frieds antizionistisches Engagement (»Höre, Israel!«), das er in dem Moment aufnahm, als er den Antikommunismus im Dienste der BBC aufgab, hat ihm im linken und alternativen Milieu eine treue Verehrergemeinde geschaffen. Ein leibhaftiger Jude, ein Opfer des Hitlerfaschismus gar, der als Kronzeuge für die »Verbrechen des Zionismus« auftritt, der von Herzl sagt, er habe mit seinem »Judenstaat« das Vorbild für Hitlers »Mein Kampf« geliefert, der von der »Nachahmung faschistischer Verhaltensweisen durch Zionisten« spricht und dabei nur eine Abweichung anerkennt: »Im Unterschied zu den Nazis haben die Israelis bis jetzt keine Gaskammern gebaut« – ist genau der Alibi-Jude, den eine marode Gesellschaft braucht, um ihre eigene Vergangenheit von den Opfern, die sie produziert hat, bewältigen zu lassen. Hierbei leistet Fried unschätzbare Hilfsdienste.

Während der Jude Fried Juden, die ihm unsympathisch sind, als Juden denunziert und bei »Zionisten« schon gar keine Gnade walten läßt, praktiziert er das von ihm proklamierte Gebot der »Feindesliebe« ausgerechnet dort am intensivsten, wo es angesichts seiner Biografie am absurdesten erscheint. Er hat denjenigen, die ihn 1938 aus Wien verjagt haben, längst verziehen und in einem seiner Bücher den Lehrern und Mitschülern von damals bescheinigt, daß sie sich auch in der Zeit nach dem »Anschluß« Juden gegenüber »korrekt« verhalten hätten. Er hat Jean Amery in einem Offenen Brief kritisiert, nachdem dieser den NS-Rüstungsminister Speer öffentlich aufgefordert hatte, »sich aus purer Dezenz Schweigen zu gebieten« und im Stillen zu sühnen. Unter Berufung auf seinen Vater, der »von einem Gestapo-Beamten totgetreten« wurde, und die halbe Familie, die im KZ umkam, belehrte Erich Fried den »lieben Jean Amery«, um Menschlichkeit, Recht und Gerechtigkeit stünde es »heute in der Bundesrepublik leider nicht so gut, daß wir irgendeinem Menschen raten sollten, nur in Einsamkeit zu bereuen und zu sühnen ...« Und der »Antifaschist« (UZ) Fried hat noch vor kurzem ein gutes Wort für einen Mann gefunden, den halb Österreich für eine braune Zumutung hält, den FPÖ-Politiker Friedrich Peter. »Wir haben es damals für einen Fehler gehalten, daß Kreisky sich so mit ihm eingelassen hat. Aber er hat ihn z.B. nach Auschwitz mitgenommen, Peter hat dazugelernt ...«

Was hat der Ex-SS-Mann Peter, der ausgerechnet von Bruno Kreisky politisch rehabilitiert wurde, bei einem Auschwitz-Besuch dazugelernt? Daß man Juden nicht einfach vergasen kann? Daß es KZ's wirklich gegeben hat? Daß Bruno Kreisky nicht nachtragend ist?

Frieds Großherzigkeit Ex-Nazis gegenüber kann vermutlich nur mit der Psychopathologie eines Opfers erklärt werden, das sich, aus Furcht vor weiterer Viktimisierung, vorbeugend bei den Tätern anbiedert. Wenn er sie als gute, besserungsfähige Menschen anerkennt, dann werden sie ihn, so hofft es in ihm, beim nächsten Aufräumen aus Güte und Einsicht verschonen.

Dabei bewältigt Fried nicht nur die Vergangenheit, sondern zugleich auch die Zukunft. »Als linker Schriftsteller, Kind jüdischer Eltern und Flüchtling vor Hitler« protestierte er in einem Leserbrief an die

Frankfurter Rundschau gegen die Verurteilung des Neo-Nazi Michael Kühnen zu vier Jahren Haft. Es sei ungerecht und zeuge von einem Mangel an Feindesliebe, »diesen meines Erachtens subjektiv ehrlichen und keineswegs eingefleischt bösartigen jungen Menschen unbedenklich zum Verbrecher zu stempeln«. In weiteren Statements und Interviews nannte er Kühnen eine »subjektiv ehrliche Persönlichkeit, der ich jederzeit mein Leben anvertrauen würde«. Fried bot dem Verteidiger von Kühnen an, vor Gericht als »Charakterzeuge« zugunsten des Gründers und Führers der »Aktionsfront nationaler Sozialisten« auszusagen, »weil er subjektiv ehrlich und nicht korrupt ist«.

Einer daraufhin leicht irritierten linken Öffentlichkeit legte Fried dar, warum er sich für Kühnen engagiert.

»Solange der Mann subjektiv ehrlich ist, glaube ich, daß ich ihn beeinflussen und vielleicht davon wegbringen kann«, sagte er gegenüber der taz. Bei einem Besuch im Gefängnis habe er Kühnen »von meiner im KZ vergasten Großmutter erzählt«. Dabei habe sich Kühnen als »ein vorbildlich ehrlicher Diskussionspartner« gezeigt, »weit entfernt von jeder Verstocktheit und Unbelehrbarkeit«. Kühnen war von Frieds Großmutter-Geschichte dermaßen angetan, daß er schließlich »den Massenmord im KZ für möglich hielt«.

Es ist bedauerlich, daß die historische Begegnung zwischen Fried und Kühnen, welche die Wahrheit über den Holocaust endlich konkret machte, nicht im Wortlaut überliefert wurde. Sie könnte so verlaufen sein:

Fried: *Michael, was du da über die KZ sagst, daß es keine Gaskammern gegeben hat, ist großer Mist. Meine eigene Großmutter ist vergast worden.*

Kühnen: *Erich, stimmt das? Kann ich mich darauf verlassen, was du da sagst?*

Fried: *Michael, glaub's mir, ich würde dir keine Lügen erzählen, Ehrenwort.*

Kühnen: *Aber woher kannst du wissen, daß es sechs Millionen waren? Vielleicht waren es nur zwei.*

Fried: *Michael, es kommt nicht auf die Zahl an. Was zählt, ist Unrecht.*

Kühnen: *Das mit deiner Großmutter tut mir echt leid, Erich, ich hab meine Oma auch sehr lieb gehabt.*

Fried: *Schon gut, Michael, ich weiß, du meinst es ehrlich, du kannst ja nichts dafür.*

Kühnen: *So was kommt nicht wieder vor, Erich, ich verspreche es dir ...*

Wem so ein Dialog an den Haaren herbeigezogen erscheint, sollte die Erklärungen nachlesen, die Fried in Sachen Kühnen abgegeben hat. Der taz gegenüber sagte er, Kühnen habe ihn »positiv beeindruckt«, indem er sich »für die SA, aber nicht für die SS« ausgesprochen hat. In einem Gespräch mit dem alternativen Lehrermagazin »betrifft: erziehung« zeigt sich Fried noch differenzierter. »Es gibt Neonazis, die eine Ideologie drauf haben, mit der sie unter Hitler erschossen worden wären und die das auch wissen, weil sie sich auf den radikalen linken Flügel der SA stützen plus Strasser, plus Mussolinis Versuch, den Faschismus nach links umzudrehen ... Das sind Leute, die sich wenigstens subjektiv als soziale Revolutionäre verstehen ...« Die Gruppe im Umfeld von

Kühnen versucht nicht nur, den Faschismus nach links umzudrehen, sie legt auch, was Juden und Antisemitismus angeht, eine bemerkenswerte Zurückhaltung an den Tag, denn sie »untersagt ihren Mitgliedern Hakenkreuzschmierereien auf Gräbern und auch auf Gotteshäusern«. Mit einer Ausnahme: »Bei Synagogen ist allerdings der Teil der Synagoge, der nicht Gotteshaus ist, sondern Versammlungsraum, ausgenommen. Dort dürfen sie etwas auf die Wand schmieren.«

So beweist Erich Fried – Jude, linker Schriftsteller und Hitleropfer – mit seiner skurilen Parteinahme für Neonazis, die Synagogenwände nur teilweise beschmieren, als politischer Kopf dieselbe Kompetenz wie als poetisches Herz. Was er an Ansichten, Erkenntnissen, Ratschlägen und »Einschätzungen« von sich gibt, ist aberwitzig bis makaber. Aber das eigentlich absurde Element seiner Stellungnahmen liegt darin, daß sie ernst genommen werden, egal was er sagt. Von einigen Zeitungen aus Anlaß seines 65. Geburtstages befragt, erzählte er eine Geschichte aus seiner frühen Jugend: wie er sich als Sechsjähriger weigerte, bei einer Schulfeier ein Gedicht aufzusagen, weil unter den Festgästen auch der Wiener Polizeipräsident war, der kurz zuvor eine Arbeiterdemonstration hatte zusammenschießen lassen. Erst als der Chefpolizist den Saal verlassen hatte, war der kleine Erich bereit, das Gedicht vorzutragen.

Fried war also schon mit sechs Jahren nicht nur altklug, sondern auch engagiert. Und das ist heute, 60 Jahre später, noch immer so.

Depressionen sind Stoffwechselstörungen ...

Die Redaktion der Zeitschrift konkret hat kürzlich ein Sonderheft zum Thema Sport herausgebracht. Nachdem in der Vergangenheit bereits Sonderhefte über Sexualität und – jeweils zur Buchmesse – über Literatur erschienen sind, wird nun ein Phänomen behandelt, das die Themen der vorausgegangenen Specials sozusagen symbiotisch verbindet: Sport als Sex für die Massen, von dialektisch geschulten Literaturproduzenten analytisch auf den kritischen Begriff gebracht.

Es wäre einiges dazu zu sagen, daß in diesen Tagen der galoppierenden Tendenzwende, da ehemalige Revolutionäre Bausparverträge abschließen, Feministinnen Kinder bekommen und frühere Internationalisten einem »gesunden Patriotismus« das Wort reden, daß in diesen Tagen eine linke Zeitschrift den Sport entdeckt und mit diesem Vehikel die Annäherung an ein Publikum versucht, von dem offenbar angenommen wird, daß es mit dem Kicker-Sport-Magazin nicht gut genug bedient wird.

Natürlich wird der Sport als ein Kommerzunternehmen entlarvt, mit dem die Sport-Konsumenten von ihren wahren und eigentlichen Interessen abgelenkt werden; es versteht sich auch von selbst, daß eine bürgerliche von einer proletarischen Sportbewegung unterschieden wird, wobei die eine reaktionär-repressiv und die andere fortschrittlich-emanzipatorisch ist. Dies sind die üblichen Gemeinplätze, die in linken Analysen über Sport genauso vorkommen wie in linken Analysen über Literatur oder Sexualität – der nächste Patient, dieselbe Diagnose.

Was an diesem Sportheft freilich neu ist, was den Leser vor den Kopf stoßen muß, ist eine Botschaft, die – obwohl nicht wörtlich ausgesprochen – nicht zu übersehen, nicht zu überlesen ist: Nicht das Sein bestimmt nunmehr das Bewußtsein, eine Feststellung, der auch Nicht-Marxisten zustimmen konnten, es ist genau umgekehrt: Das Bewußtsein bestimmt das Sein. Soll heißen: Wer das richtige Bewußtsein hat, pflegt auch automatisch das richtige Sein.

Was eine linke Zeitschrift einem bürgerlichen Mitmenschen nie durchgehen lassen würde, das stellt sie bei einem Weggenossen, bei einem, der mit dazu gehört, nicht mal der Höflichkeit halber in Frage. Die Bewußtseinskameraderie – man könnte auch sagen: Gesinnungslumperei – bildet ein festes Band der Solidarität, das weder von einem logischen noch einem ideologischen Widerspruch zerrissen werden kann. Das sieht dann, zum Beispiel, so aus:

Die Reporterin Peggy Parnass interviewt den Schriftsteller Günter Wallraff über dessen neue Leidenschaft, das Dauerlaufen. Die Geschichte heißt »Ich laufe gegen mich selbst«. Wenn es einen Oskar für die journalistische Peinlichkeit des Jahres gäbe, die Peggy und der Günter kämen an dieser Auszeichnung nicht vorbei. Nur noch ein Gespräch zwischen Bully Buhlan und Harald Juhnke, vielleicht mit dem Titel: »Ich trinke gegen mich selbst«, könnte den beiden den Rang ablaufen. Frau Parnass fängt das Gespräch mit den folgenden Worten an:

»Günter, du warst immer mein Bruder im Leid, ausgezehrt, heruntergekommen, kaputt, am Rande des Zusammenbruchs oder gerade dabei oder danach. Jetzt sehe ich dich seit einiger Zeit als das blühende Leben. Hast du all deine Süchte aufgegeben?«

Worauf Herr Wallraff antwortet, es ginge ihm – »seit ich dieser Leidenschaft nachgehe oder nachlaufe« – tatsächlich viel besser, er trinke keine scharfen Sachen mehr, allenfalls »trockenen Wein«, der aber auch »durchaus seine Wirkung hat«, worauf Frau Parnass mit der überraschenden Frage nachsetzt:

»Wie bist du auf die Idee gekommen zu laufen? Bist du plötzlich die Straße entlanggelaufen und hast gemerkt, es tut dir gut? Vielleicht der Bahn oder einem Mädchen nach, oder wie kam das?«

Daraufhin gibt Herr Wallraff preis, daß es weder ein Mädchen noch eine Bahn war, sondern ein Versicherungsagent. Der, ein Dauerläufer, wollte Wallraff eine Lebensversicherung verkaufen und schlug ihm vor, einmal mitzulaufen. Danach war, sagt Günter Wallraff, »Sauerstoff ab sofort meine Droge«, »Schwachstellen« in den Knien wurden besser, Kannen von Kaffee überflüssig. Aber nicht nur das, Laufen sei kein Selbstzweck, sagt Wallraff: »In der Psychiatrie wird Laufen therapeutisch eingesetzt, denn Depressionen sind Stoffwechselstörungen ... Außerdem hat das Laufen etwas Kommunikatives, ein sensibles Miteinanderumgehen. Egal aus welcher Richtung. Jedenfalls kenne ich keinen Faschisten, der läuft.«

So steht es da, so ist es gesagt worden und so ist es auch gemeint. »Depressionen sind Stoffwechselstörungen«, »Ich kenne keinen Faschisten der läuft«. Das müßte mal ein bürgerlicher Journalist in der »Zeit«, in der »Welt« oder in der FAZ geschrieben haben. »Konkret« würde sich vor Häme und Empörung nicht mehr einkriegen und das falsche bürgerliche Bewußtsein, das solchen Kretinismus hervorbringt, entlarven und entlarven und nochmals entlarven. Aber Frau Parnass, stellvertretend für die »Konkret«-Redaktion, entlarvt nicht. Das sensible Miteinanderumgehen, egal aus welcher Richtung, ist auch an ihr nicht ohne Wirkung geblieben. Sie sagt:

»Ich hab's vorhin auch gemerkt, zuerst war ich stocksauer, daß du mich in den Wald schleppen wolltest. Wir hatten sowieso so wenig Zeit, es goß den ganzen Tag, ich war überarbeitet, übermüdet und wollte schnell das Gespräch mit dir führen, statt dessen sind wir durch Pfützen gelaufen und gesprungen, und ich fühle mich trotzdem sauwohl. Dachte, ich könnte nur auf Demos gehen, oder gar nicht ...«

Nun hat Frau Parnass, auf dem Lauf von stocksauer nach sauwohl, erfahren, daß sie nicht nur auf Demos, sondern auch in den Wald gehen kann. Gott sei Dank! Aber das ist nicht die einzige Erkenntnis, die ihr an der Seite von Günter Wallraff gekommen ist. Sie weiß jetzt auch, Laufen ist nicht gleich Laufen, denn:

»Ich sehe hier in der Innenstadt immer mehr Leute mit breiten Ärschen und kurzen Höschen, die um die Alster joggen. Und ganz tief die Autoabgase einatmen. Die glauben bestimmt auch, daß sie was gesundes machen ...«

Diese Leute, wird Peggy Parnass von Günter Wallraff belehrt, folgen einer »Modeindustrie«, treiben etwas »Aufgesetztes«, sie laufen nicht nur in der falschen Gegend, sondern auch mit dem falschen Bewußtsein. Wer einen breiten Arsch hat, den er in ein kurzes Höschen zu kleiden wagt, sollte wohl besser zu Hause bleiben und sein Bewußtseinsdefizit mit Hilfe des »Konkret«-Sportheftes aufarbeiten.

Soweit Peggy Parnass im Gespräch mit Günter Wallraff. Wer wissen möchte, zu welch einer aparten Mischung sich Dummheit, Schamlosigkeit und Anmaßung verbinden können, der lese das Parnass-

Wallraff-Geplauder in voller Länge nach. Und wer danach noch immer keine Depressionen oder genauer: Stoffwechselstörungen bekommt, der kann ja, auf eigenes Risiko, mit der Lektüre des Sportheftes fortfahren. Da gibt es noch, u.a., ein Porträt des Bergsteigers Louis Trenker. Die Autorin Christel Dormagen hat zwar, wie sie zugibt, die »nötigen Bohrfragen« parat, »den immer praktischen Nazivorwurf griffbereit«, als sie Louis Trenker besucht, aber sie kommt nicht dazu, das Vorbereitete auch anzuwenden, selbst dann nicht, wenn ihr Louis Trenker freiwillig die passenden Stichworte gibt, z.B. wenn er in Erinnerung an einen Hollywood-Besuch Anfang der 30er Jahre sagt:

»Sie fragten mich: What do you say about Hitler? – Ich bin Südtiroler und die Judenfrage kenne ich nicht. Die Deutschen sind jetzt in einer fürchterlichen Lage. Natürlich bin ich kein Judengegner, aber vielleicht waren sie schon zu mächtig geworden.«

Frau Dormagen kann gerade noch bemerken, daß die Bücherwand nur Trenker-Bücher enthält und die Ölbilder an der Wand so aussehen, als wären sie von Karstadt. Und dann erliegt sie dem Charme des 89jährigen.

Die nötigen Bohrfragen sind vergessen, der praktische Nazivorwurf ist vom Tisch, »da sitzt mir ein schöner Mann gegenüber«, schreibt sie, »mit »Leuchteaugen«, »jemand, der gemacht hat und immer noch macht, was ihm Spaß bringt – lauter Lüste gelebt ...« Louis Trenker geht seiner Porträtistin dermaßen »zu Herzen«, daß sie gern darauf verzichtet, ihr eigenes »Linksimage zu stärken im triumphierenden Auseinandernehmen all jener fürchterlichen Widersprüchlichkeiten«, die er produziert. Sie will ihn nicht auseinandernehmen und sie will auch nicht zu den »schnellen Richtigdenkern« gehören, die ihn »als Nazi einkassieren wollen ...«

Während Christel Dormagen gegenüber Louis Trenker Gnade walten läßt, ist Hermann Peter Piwitt, der von sich selbst sagt, er sei ein »schreibender Kulturarbeiter«, bei der Beschreibung seines Sport-Idols ganz unbarmherzig.

Piwitt läßt sich über die Schweizer Eiskunstläuferin Denise Biellmann aus – »die schöne blonde Göttin meiner kleinen Tode« – und so wie er dies tut, so könnte auch ein pädophiler Greis seine Empfindungen beim Anblick eines Kinderspielplatzes beschreiben. Originalton Piwitt:

»Dieses knappe Kinderröckchen am samtlila Trikot, unschuldig und doch zu nichts anderem gut, als uns entgeisterte Blicke zu gönnen auf einen wahrhaft kostbaren, blühenden Arsch im Höschen. Diese raffinierte Aufzäumung einer shetlandponyhaften Unschuld bis zu dem kleinen Nackenflaum unter den hochgesteckten Haaren, der dich schon hinfällig macht, während du noch wartest auf den größten Moment. Sie greift mit dem Arm hinter sich, sie ergreift mit der Hand das Heck des einen Schlittschuhs und zieht das schöne lange Bein langsam hinter ihrem Rücken bis über den Kopf. Und nun erst, in diesem Augenblick ...«

– In diesem Moment kann Hermann Peter Piwitt, der schreibende Kulturarbeiter, nicht mehr an sich halten, seine Phantasie geht mit ihm durch –

»... in diesem Augenblick trittst du hinter sie und schiebst diesem hochgezüchteten, teuren, blonden, von sich selbst entzückten seins- und immobiliensicheren helvetischen Fleisch den gigantischsten Lümmel deiner kleinen Geschichte von hinten durch die reißende Faser ...«

Es ist noch gar nicht so lange her, da hat sich Hermann Peter Piwitt in »Konkret« als Feminist bezeichnet. Seine Vergewaltigungsphantasien werden ihn in dem Milieu, in dem er schreibend Kulturarbeit leistet, nicht disqualifizieren. Was sonst als sexistisch, menschenverachtend, ja faschistoid gilt, wird durch das richtige Bewußtsein offenbar veredelt und annehmbar gemacht. Was würde Hermann Peter Piwitt sagen, wenn Matthias Walden eine Tänzerin vom Bolschoi-Ballett als ein Stück sowjetischen Fleisches bezeichnen würde, der er seinen Lümmel von hinten durch die reißende Faser hineinschieben möchte? Und was würde Günter Wallraff sagen, wenn sich Theo Sommer über dickarschige Arbeiter lustig machen würde, die in kurzen Hosen sonntags ins Grüne fahren? Was fiele Christel Dormagen ein, wenn die FAZ die »Leuchteaugen« von Arno Breker beschreiben würde? – Wir brauchen über solche Fragen nicht lange zu rätseln. Wir können uns die Reaktionen schon im voraus vorstellen. Wem hier das Wort von der doppelten Moral einfällt, macht sich der Schönfärberei schuldig. Von »Moral« kann überhaupt keine Rede mehr sein. Dies ist das neue »sensible Miteinanderumgehen«. Man nimmt sich gegenseitig nichts krumm, wenn man dazugehört. Dann kann man auch die alternative Sau rauslassen, »egal aus welcher Richtung«. Und wer angesichts dieser Kameraderie Depressionen bekommt, der sollte sich auf Stoffwechselstörungen untersuchen lassen.

Neutronenbombe – ja bitte!

Wenn ich die aktuelle politische Großwetterlage in der Bundesrepublik richtig einschätze, so sind es vor allem zwei Probleme, die den Menschen derzeit aufs Gemüt drücken: der Anstieg der Kreditzinsen und die mögliche Stationierung der Neutronenbombe auf deutschem Boden. Die Sorgen wegen der Zinsen kann ich verstehen; zahllose Eigenheimerwerber, die ganz ohne Eigenkapital gebaut haben, sind den Banken in die Kreditfalle gegangen. Sie können die gewaltig gestiegenen, monatlichen Raten für die eigenen vier Wände kaum noch aufbringen und sehen sich nun mit der schrecklichen Perspektive konfrontiert, das unbezahlbare Eigentum aufzugeben und wieder eine Mietwohnung zu beziehen. Eine schlimmere soziale Rückstufung kann ich mir in der Tat kaum vorstellen. Die Aufregung über die Neutronenbombe, die Schorsch Leber seinerzeit »Friedenswaffe« genannt hat, kann ich dagegen weder teilen noch so recht verstehen.

Nun sind Proteste gegen die Einführung technischer Neuerungen nichts Neues, die hat's schon immer gegeben: bei der Eröffnung der ersten Eisenbahnlinie von Nürnberg nach Fürth zum Beispiel, als Alfred Nobel das Dynamit erfand und auch als Galileo Galilei das Universum neu sortierte. Die Menschen halten eben gern am Vertrauten fest und haben Angst vor Sachen, die sie nicht kennen. Mit diesem natürlichen Reflex kann man aber den Widerstand gegen die Neutronenbombe nicht erklären. Sie ist nicht »neu«, sondern, wie in allen Zeitungen zu lesen ist, eine modifizierte Atombombe, bei der die durch die Strahlung eingetretene Wirkung größer ist als die ausgelöste Druck- und Hitzewelle. Auch das Argument, die Bereithaltung der Neutronenbombe vergrößere die Gefahr eines vernichtenden Atomkrieges ist so naiv wie die Annahme, Präsident Reagen werde sich von seinem Beschluß, die Bombe zu bauen, durch Bundeskanzler Schmidt oder gar eine Unterschriftenaktion der Evangelischen Studentengemeinde abhalten lassen. Die Neutronenbombe hat so viel potentiellen Einfluß auf einen Atomkrieg wie eine Zigarette auf den Gesundheitszustand eines rettungslos Lungenkrebskranken. Es ist allgemein bekannt, wird aber ebenso allgemein verdrängt, daß das weltweite Overkill-Potential inzwischen bei mehr als 100 angelangt ist. Das heißt: mit den vorhandenen Waffen, vor allem Atomwaffen, kann alles Leben auf der Erde nicht einmal und nicht zweimal, sondern mehr als einhundertmal total vernichtet werden. Angesichts dieser Möglichkeit, die alles andere als theoretisch ist, kommt es auf die Neutronenbombe auch nicht mehr an, sind Abrüstungskonferenzen à la SALT, bei denen darüber verhandelt wird, ob die Großmächte ihre Mittelstreckenraketenbestände um 20 oder 30 Prozent abbauen, nicht einmal symbolische Übungen. Hier von einem Tropfen auf einen heißen Stein zu sprechen, hieße nicht nur eine abgewetzte Metapher aufs Neue zu verschleißen, sondern auch schamlos ins Positive übertreiben. Und der kürzlich gefällte sogenannte Doppelbeschluß der NATO – Nachrüsten und über eine Abrüstung mit den Sowjets verhandeln – erinnert mich an den Kalauer von dem Säufer, der sich zur Entziehungskur einen größeren Vorrat an Alkoholika mitbringt, damit ihm die

Motivation nicht ausgeht. Politiker, die solche Entscheidungen fällen, und eine Öffentlichkeit, die sie mehr oder weniger hinnimmt, haben die Grenzen gezogen: sowohl der eigenen Verantwortung wie auch der Bereitschaft, verarscht zu werden. Da ist die Klamotte mit der Neutronenbombe nichts anderes als eine kosmetische Abrundung des bestehenden Vernichtungsprogramms.

Wenn die Neutronenbombe also am Overkill-Potential praktisch nichts ändert, weil es nicht mehr darauf ankommt, ob es, sagen wir, von 109 auf 111 steigt, wenn sie die technisch und politisch logische Fortsetzung der bisherigen Praxis der »Friedenspolitik« ist, woher kommt dann die Aufregung über ihre bevorstehende Aufnahme in die NATO-Arsenale? Eine Aufregung, die zudem so tut, als habe es seit der Erfindung des Vorderladers einen Stillstand in der Waffentechnik gegeben. Egon Bahr, der gegen den NATO-Doppelbeschluß nicht protestiert hat, spricht von einer »Perversion des Denkens«, die Grünen sehen »menschenverachtenden Zynismus« am Werke und die DKP empört sich über diese »menschenfeindliche Waffe«. Wenn ich mir die Begründungen für diese starken Worte dann angucke, so geht es vor allem um eine Eigenschaft der Neutronenbombe: sie tötet Menschen und läßt Sachen – Panzer, Häuser, Zigarettenautomaten – heil. Dies ist es, was Kritiker der Neutronenbombe als pervers, menschenverachtend und zynisch empfinden. Das klingt – auf den ersten Blick – überzeugend, aber schon auf den zweiten Blick endet der Höhenflug dieser Moralisten am übernächsten Idiotenhügel. Den können sie dann: Perversion! Zynismus! Menschenverachtung! rufend, auf dem Hosenboden runterrutschen und am Grund angekommen, die Flugnummer noch einmal versuchen. Wer sich dermaßen den Arsch aufreißt, braucht nicht mehr zu denken. Nur: Was spricht eigentlich gegen eine Waffe, die Leben vernichtet, aber materielle Güter unzerstört läßt?

Das erste, was gegen sie spricht, sind die Vorstellungen ihrer Kritiker, wie ein ordentlicher Krieg auszusehen habe. Es sind traditionelle Vorstellungen von Zerstörung und Vernichtung. Es muß gewaltige Trümmer geben, rauchende Ruinen, umgeknickte Hochspannungsmasten, die Landschaft muß so aussehen wie in dem Film »Die Brücke von Remagen«; und durch dieses Chaos müssen ein paar Menschen herumirren, verzweifelt aber dennoch mit einem Rest von Hoffnung im Herzen. So war es immer im Krieg, so soll es bleiben. Der Einsatz der Neutronenbombe verspricht dagegen einen ganz anderen Krieg: das Fernsehen läuft noch, Rudi Carrell singt: »Wann wird es endlich wieder Sommer«, das Essen steht noch im Mikrowellen-Herd und die Märklin-Modelleisenbahn dreht im Hobby-Keller weiter ihre Runden. Nur Charly, der Hamster, hat aufgehört im Rad auf der Stelle zu laufen und Hasso, der treue Schäferhund, wird nie mehr bellen, wenn der Briefträger morgens die Post bringt. Die Tiere und die Menschen sehen aus, als wären sie plötzlich eingeschlafen. Solche Bilder kennt man aus Science-Fiction-Filmen, sie sind deswegen so unheimlich, weil zu einem gewaltsamen Tod auch ein Szenario der Gewalt gehört. Ein gewaltsamer Tod in einer friedlich scheinenden Umgebung, das geht nicht zusammen, das ist asynchron. Das widerspricht allem, was wir kennen, und auch allem, was wir an sinnlichen Eindrücken von einer richtigen Katastrophe erwarten.

Das zweite, was gegen die Neutronenbombe spricht, sind die Vorstellungen ihrer Kritiker, wie ein ordentlicher Wiederaufbau *nach* dem Krieg auszusehen habe, Stück für Stück, Stein für Stein. Im Fall der Neutronenbombe müssen nach einer relativ kurzen Zeit nur die Toten weggeschafft werden, es gibt keine oder nur wenige Trümmer, und schon können die Panzer von der gegnerischen Armee übernommen werden und bei McDonalds geht der Hamburger-Verkauf weiter – mit ausgetauschter Mannschaft und an neue Kunden, versteht sich. Ich geb' zu: Mir kommt so was auch absurd vor, aber meine Vorstellungen vom Krieg sind ebenfalls weitgehend altmodisch. Ich mag auch keine Fertigkuchen und fotografier' nicht mit einer Polaroid-Kamera.

Die Vorstellungen der Neutronenbomben-Kritiker, wie ein anständiger Krieg und anschließend ein richtiger Wiederaufbau aussehen müssen, sind nicht ganz auf der Höhe der Zeit. Hinter Ausrufen wie: Perversion! Zynismus! Menschenverachtung! steckt offensichtlich der Wunsch, daß in einer Welt, die sich total verändert hat, wenigstens der Krieg so bleiben möge, wie ihn A. Paul Weber gezeichnet hat. Worin liegt denn die Perversion des Denkens, von der Egon Bahr spricht? Sind denn die militärischen Strategien, die auf konventionellen Waffen oder »normalen« Atomwaffen basieren, weniger pervers? Was macht den menschenverachtenden Zynismus der Neutronenbomben-Befürworter aus? War die Bereitschaft, ganze Städte, Armeen und Völker dem Endsieg zu opfern, weniger menschenverachtend oder weniger zynisch? Und wenn die Neutronenbombe eine menschenfeindliche Waffe ist, wie die DKP sagt, wie muß dann, bitte schön, die menschenfreundliche

Waffe beschaffen sein? Ein paar flotte Sprüche, die nix kosten, vor allem kein Nachdenken, und schon kann sich der kleine Moritz in die pazifistische Brust schlagen. Er hat's denen da oben, den Herrschenden und Regierenden in Bonn und Washington, mal wieder gegeben!

Der Protest gegen die Neutronenbombe mag im Grunde redlich sein, einfältig ist er allemal, weil er diese »Friedenswaffe« für ein Produkt dämonischer Kräfte hält, die außer Kontrolle geraten sind. Die Neutronenwaffe ist aber kein Teufelswerk, sondern das Endprodukt einer Moral, die den Boden für unsere Allgemeinen Geschäftsbedingungen stellt. Warum soll eine Waffe nicht Leben vernichten und Sachen schonen, wenn dies immerhin das Prinzip ist, das auch in Friedenszeiten herrscht? Sachbeschädigung wird von Gerichten im Durchschnitt härter bestraft als Körperverletzung. Die Strafen, die Vergewaltiger bekommen, sind ein Klacks, verglichen mit den Urteilen, die über Scheckfälscher und Bankräuber verhängt werden. Das Leben und die Gesundheit von Menschen werden von der Industrie ständig aufs Spiel gesetzt, damit die Produktion und der Absatz von Waren reibungslos laufen können. Wo ist denn da, möcht ich wissen, der grundsätzliche Unterschied zur Neutronenbombe? – Wer weniger als ein Jahr in einem Konzentrationslager war, bekommt keine Entschädigung. Das hört sich wie ein Witz an, ist aber wahr. Nur elf Monate in der Nähe der Gaskammern und Krematorien sind nicht genug, um kaputt zu sein. Und wenn die KZ-Insassen länger als ein Jahr im KZ waren, werden ihre »Körperschäden« nach Tarifen entschädigt, die kein Neckermann-Urlauber als Ausgleich für ein schlechtes Hotel akzeptieren würde.

Verglichen damit, werden Sach- und Vermögensschäden relativ großzügig entschädigt.

Das abendländische Prinzip – die Verachtung des Lebens und die Wertschätzung toter Materie – wird von der Neutronenbombe nur auf eine zeitgemäße Art verkörpert. Sie schafft keine neue Moral, sie ist ein extrem eindeutiger Ausdruck der alten. In ihr liegt eine historische Zwangsläufigkeit, die einzusehen in der Tat weh tut: Der Bau der Neutronenbombe war schon beschlossene Sache, als Giordano Bruno verbrannt wurde; von der konventionellen Verbrennung von Menschen bis zu ihrer atomaren »Versaftung« führt ein ganz kurzer, schneller Weg. Die Eigenheimer können von Glück reden, wenn ihnen noch Zeit genug bleibt, einen Zwischenkredit aufzunehmen.

Mein Gott, Walter
oder
Die Gnade der richtigen Geburt

In seinen »Betrachtungen zur Judenfrage« beschreibt Jean-Paul Sartre auch den Typus des »Demokraten«, der kein Antisemit ist, der die Juden nicht ausrotten, sondern sie nur »zugunsten des *Menschen*« abschaffen möchte. Der gewöhnliche Antisemit, schreibt Sartre, will den Juden »als Menschen vernichten, um nur den Juden, den Paria, den Unberührbaren bestehen zu lassen«; der Demokrat dagegen will »ihn als Juden vernichten, um ihn als Menschen zu erhalten, als allgemeines abstraktes Subjekt der Menschen- und Bürgerrechte.« Und entgegen einem weit verbreiteten Vorurteil, Antisemitismus sei eine Domäne der Rechten und der Reaktion, stellt Sartre fest: »Auch der liberalste Demokrat ist nicht frei von Antisemitismus. Er ist dem Juden insoweit feindlich gesinnt, als dieser es wagt, sich als Jude zu fühlen ...« Zwischen seinem Gegner und seinem Verteidiger sei »der Jude übel dran«; ihm bleibe nur die Wahl, »gekocht oder gebraten zu werden«.

Sartres berühmter Essay, vor 40 Jahren erschienen, behandelt u.a. ein Problem, das bis heute akut geblieben ist: Woran erkennt man einen Antisemiten? Gibt es außer den rabiaten Judenhassern, die leicht zu identifizieren sind, nicht auch gepflegte, wohlwollende Antisemiten, die ihr Ressentiment unter einer Schicht von Fürsorge und Besorgtheit verbergen? Die, statt sich Sorgen um die Verjudung der Gesellschaft zu machen, lieber über die Entjudung der Juden nachdenken? Die nicht sagen, was man gegen die Juden unternehmen sollte, sondern was die Juden unternehmen müßten, damit die Gesellschaft keinen Anlaß hat, gegen sie vorzugehen? Die sogar einzelne Juden mögen und schätzen, vor allem solche, die keine Juden mehr sein wollen?

Der Frankfurter Publizist Walter Boehlich hat kürzlich in »Titanic«, dem endgültigen Satire-Magazin aus Frankfurt, mein Buch »Der Ewige Antisemit« besprochen. Das heißt, genau genommen, hat Boehlich nicht mein Buch, sondern mich besprochen. Und noch genauer: er hat mich psychiatrisiert. Nun gehört Boehlich zu jenen Autoren, die sich am liebsten mit grundlegenden Fragen von Moral und Politik beschäftigen und selbst kleinere Arbeiten zum Anlaß nehmen, den Hintergrund des behandelten Themas möglichst weiträumig und gründlich auszuleuchten. Boehlich, der als Literatur-Experte gilt und dem eine gediegene Allgemein-Bildung nachgesagt wird, verfügt zudem über das Talent, sich die Argumente so zurechtzulegen, daß sie von dem Gegenstand, auf den sie sich beziehen, unabhängig werden. Er vermag über eine Vorlage frei zu improvisieren und da er dies sehr eloquent und gleichsam aus der Vogelperspektive tut, bleiben seine Worte nicht ohne Eindruck auf den Empfänger. Er wirkt seriös, und das ist er auch – auf seine Weise. Dabei hält er sich gelegentlich mit viel Einfallsreichtum an eine Regel, die Karl Kraus so beschrieben hat: »Es gibt Dinge, die sind so falsch, daß nicht mal das Gegenteil wahr ist.«

Schon aus diesem Grunde ist das, was Boehlich mit großem Gestus ausführt, nicht einfach richtigzustellen. Und außerdem schickt es sich nicht, auf den Vorwurf, man sei gaga, zu antworten, man sei gar nicht gaga; im Gegenteil, derjenige, der diese Diagnose stellt, sei es selber. So etwas macht immer einen schlechten Eindruck und vor allem: es nutzt wenig. Die Peinlichkeit bleibt immer an dem hängen, der sich erklärt, Krummes zurechtrückt, um Verständnis bittet. So gesehen wäre Schweigen wahrscheinlich die beste Antwort. Aber ich muß zugeben, das Maul zu halten fällt mir schwer. Und außerdem gibt es Dinge, die festgehalten werden müssen – for the record. Also sag ich lieber was zu Boehlich, auch auf die Gefahr hin, mich eben jener Peinlichkeit auszusetzen. Soll sein.

Was Boehlich an mir auszusetzen hat, ist, daß ich nicht so lebe, wie ich seiner Ansicht nach leben sollte. Er schreibt über mich: »Aus der Absicht, in Israel zu leben, wurde wenig. Mal ist er hier, mal ist er da, ein bißchen wie der nette Figaro.« So banal diese Sätze sind, so klar setzen sie gewisse Duftmarken in die Landschaft, die Gleichgestimmten alles sagen. Der nette Figaro steht als Synonym da für den wandernden Juden, von dem man auch nicht weiß, wo er sich grad aufhält und wohin er eigentlich gehört. Aber was geht es Boehlich eigentlich an, wo ich lebe, und muß ich für jeden Flug von Tel Aviv nach München ihn erst um eine Einreisegenehmigung bitten? Liegt in meinem mobilen Verhalten ein Verstoß gegen das Gebot der Seßhaftigkeit vor, das er von seinem Frankfurter Arbeitszimmer aus mit Nachdruck und Konsequenz vertritt? Wieso ist es recht, wenn Erich Fried von London aus angeflogen kommt, um an jedem zweiten Palästina-Solidaritätsbasar teilzunehmen oder Frau Rinser von Rom aus für das Amt des Bundespräsidenten kandidiert, und wieso ist es nicht recht, wenn ich von Israel aus in die Bundesrepublik komme?

Aber sagen will Boehlich etwas anderes: Wenn der Jud schon mit uns, den besseren Deutschen, nicht am selben Strang ziehen mag, dann soll er bleiben, wo er ist. Er soll auch nicht, aus sicherer Entfernung, über den bundesdeutschen Zaun stänkern. Da reagiert der linke Boehlich so deutschnational wie ein Schalke-Fan, der seine Mannschaft, wie schlecht er sie selbst auch finden mag, von einem Fremden nicht miesmachen läßt. Daher beschwert er sich auch darüber, ich hätte mich »in den Streit um Faßbinders Stück gemengt und dabei über alle Stränge geschlagen«, womit er einen Artikel meint, den ich geschrieben habe, ein Recht, das er für sich ganz selbstverständlich in Anspruch nimmt, in meinem Falle aber für eine Anmaßung hält. Daß sich volksfremde Elemente in deutsche Angelegenheiten »einmengen« und dabei noch »über alle Stränge schlagen«, geht Boehlich, der ansonsten das Prinzip »Freie Fahrt für alle« vertritt, entschieden zu weit.

Boehlich argumentiert nicht, er polemisiert nicht, sondern er bedient sich derselben Technik wie Heiner Geißler, wenn der die Pazifisten am Zweiten Weltkrieg für schuldig erklärt. Er behauptet einfach, daß die Dinge so sind, wie er sagt, daß sie sind, wobei es außer seiner Behauptung keines weiteren Beweises bedarf. »Für ihn«, schreibt er, das heißt: für mich, »war der Antisemitismus immer da und wird immer da sein. Er ist ewig. Wäre das uneingeschränkt so, müßte man resignieren, es gäbe dann kein Mittel gegen ihn. Schon gar nicht, wenn er, wie Broder meint, vererbt würde. Daß besonnene Leute davon sprechen, er werde tradiert, hält er für Soziologen-Jargon. Da kann man nichts machen ...«

Doch. Nämlich die Stelle in meinem Buch, die

Boehlich meint, mal nachlesen. Auf Seite 216/217 heißt es: »Natürlich gibt es keine antisemitischen Gene, aber es gibt eine antisemitische Disposition, die in der Tat vererbt oder, wie Silbermann es im soziologischen Fachjargon sagt, ›tradiert‹, von Generation zu Generation weitergegeben wird. Gerade wenn man unter ›Vererbung‹ nicht einen biologischen Mechanismus versteht, sondern die Pflege und Weitergabe gemeinschaftlicher Haltung, kann man von einem ›antisemitischen Erbe‹ sprechen ...«

Das liest sich anders als das, was Boehlich daraus gemacht hat. Er biegt meine Sätze in seinem Sinne zurecht, um mir nachzurufen, daß ich »pauschal, platt, biologistisch, kenntnislos« argumentiere, denn »ein politischer Kopf« sei ich nicht, »ein theoretischer auch nicht«. – Im Gegensatz zu Boehlich, der sowohl das eine wie das andere ist, was er u.a. mit der Behauptung beweist, »daß es linke Antisemiten gibt, aber keinen linken Antisemitismus als Doktrin«. Die logische Frage, welche Art von Antisemitismus dann von linken Antisemiten verbreitet wird, verkneift er sich, die Antwort darauf ebenso.

Boehlich scheint nicht zu wissen, daß es den Antisemitismus als Doktrin überhaupt nicht gibt, weil es sich um einen ideologischen Krämerladen handelt, aus dem die Antisemiten aller Couleur sich jeweils das herausholen, was sie an Scheinargumenten gegen die Juden brauchen. »Der Antisemitismus ist keine Theorie«, schreibt Leszek Kolakowski, »er ist dem Wesen nach irrational und daher jeder Kritik unzugänglich ..., er ist keine Doktrin, die kritisiert werden kann, sondern eine Haltung, deren soziale Wurzeln so geartet sind, daß sie keine Begründung erfordert ...« Und Sartre meint: »Es zeigt sich, daß der Antisemitismus des Antisemiten von keinem äußeren Faktor herstammen kann . . ., er ist gleichzeitig eine Leidenschaft und eine Weltanschauung . . .«

Es mag sein, daß Kolakowski und Sartre, gemessen an Boehlich, weder politische noch theoretische Köpfe sind, da sie nicht den Versuch unternehmen, den Antisemitismus auf ein bestimmtes politisches Milieu einzugrenzen und ein anderes Milieu grundsätzlich von jedem Antisemitismus-Verdacht freisprechen, während Boehlich darauf besteht, daß es den Antisemitismus nur als rechte Doktrin geben kann und allenfalls ein paar verirrte linke Antisemiten, die aber ohne jede theoretische Grundlage dahinwurschteln. Um die von mir geschmähten linken Antisemiten zu rehabilitieren, erklärt er mich zu einem Total-Paranoiker, ohne auch nur zu erwähnen, was der faktische Grund meiner Schmähungen war. »Wo immer er hinschaut, sieht Broder nichts als Antisemiten«, schreibt Boehlich, und: »Broder nimmt mehr und mehr die häßlichen Züge des Gegners an, den er bekämpft«; bei so viel jüdischer Paranoia wird nicht nur »das Kind mit dem Bade ausgeschüttet«, es erwischt auch zwangsläufig die Falschen.

Aber schon ist Walter Boehlich zur Stelle, um das Kind wieder in die richtige Wanne zu setzen: »Mit Hilfe von ein paar Sammelmappen voller Zeitungsausschnitte und der Lektüre von Poliakovs Standardwerk über den Antisemitismus, das er leider erst lesen konnte, als es übersetzt war, durchstreift er im Vogelflug die Geschichte, und schon hat er, wen er sucht. Einen nach dem anderen. Zum Beispiel Immanuel Kant . . ., der wunderbare Fund bei Poliakov, Kant habe von der ›Euthanasie des Judentums‹ geschrieben. Kant also ein Antisemit. Blind wie der Stier aufs rote

Tuch geht Broder, von dem man nicht erwarten kann, daß er Kant gelesen hat, auf die Euthanasie los. Die kann ja nur eines bedeuten: die Vorwegnahme von Auschwitz. Kant allerdings nahm die Euthanasie noch wörtlich, für ihn war sie ›der schöne Tod‹, auch ›der sanfte Tod‹, der alles Mögliche betreffen kann, die reine Vernunft, die Moral, das Judentum – in dessen Falle sein Aufgehen in einer rein moralischen Religion gemeint ist. Nein, mit Auschwitz und der braunen Euthanasie hat das überhaupt nichts zu tun, für den, der lesen gelernt hat –, und für den, dem die Geschichte kein Buch mit sieben Siegeln ist.«

Diese Passage ist typisch für Bochlich. Sie enthält das ganze intellektuelle Arsenal des deutschen Studienrats, »der lesen gelernt hat« und der sich dem Rest der Welt für überlegen hält, weil er Ovid im Original lesen kann. Der »wunderbare Fund bei Poliakov«, dessen Standardwerk über den Antisemitismus, ich, man beachte, »leider erst lesen konnte, als es übersetzt war«, steht im fünften Band der »Geschichte des Antisemitismus«, der »Die Aufklärung und ihre judenfeindliche Tendenz« behandelt. Poliakov zitiert ausführlich Kants Bemerkungen über Juden (»... die unter uns lebenden Palästiner sind durch ihren Wuchergeist seit ihrem Exil ... in den nicht unbegründeten Ruf des Betrugs gekommen ...«) und bemerkt dazu, Kant habe sich »in verschiedenen Schriften und an verschiedenen Stellen in einer Weise für die Euthanasie des Judentums« ausgesprochen, »die nur die metaphysische Form des Schreis ›Tod den Juden!‹ hätte sein können.« Davon abgesehen, schreibt Poliakov, »trifft es auch auf Kant zu, daß er – wie so viele Antisemiten – Juden zu seinen besten Freunden zählte«.

Die Charakterisierung des großen deutschen Denkers Kant durch Poliakov ist eindeutig. Da der französische Antisemitismus-Forscher als eine Kapazität auf seinem Gebiet gilt, riskiert es Boehlich nicht, ihn zu schelten. Boehlich sagt nicht, daß Poliakov spinnt, Kant nicht verstanden hat oder seine Werke nur in der Übersetzung lesen konnte. Er hält sich an mich, weil ich Poliakov zitiert habe. In einem Radio-Kommentar, der seiner »Titanic«-Geschichte vorausging, meinte er, ich würde »fremde Forschung ausbeuten«, als ob es ein Straftatbestand wäre, allgemein zugängliche Quellen zu benutzen. Boehlichs Feststellung gehört in die Kategorie der schon erwähnten Duftmarken. Sie ist ein Hinweis darauf, daß so einer wie ich an anderer Leute Arbeit parasitiert, eben *fremde* Forschung *ausbeutet.*

Wie reagiert man auf so etwas, vorausgesetzt, daß man überhaupt reagiert? Indem ich erkläre, worin das Schäbige einer solchen Attacke liegt, sitze ich in der argumentativen Falle, die Boehlich ausgelegt hat: Ich mühe mich, ihn zu widerlegen, ich gehe auf seinen Unsinn ein, ich spiele das Spiel nach seinen Regeln mit. Warum darf ich mich nicht auf anderer Leute Arbeit beziehen? Und welchen Unterschied macht es, ob einer ein Buch im Original oder in der Übersetzung liest? Sollte ich jetzt die Sprachen aufzählen, die ich spreche und Boehlich nicht? Den Nachweis antreten, daß ich für mein Buch mehr gelesen und verarbeitet habe als Poliakovs Standardwerk und »ein paar Sammelmappen voller Ausschnitte«? Ich kann dies ebenso wenig machen, wie ein anständiger Christ einen Ariernachweis vorlegen könnte, wenn ihm jemand »Saujude« nachrufen würde. Also doch lieber schweigen? Und hoffen, die Leser würden schon merken, wie da ein deutscher Intellektueller, der zu den besseren seiner Sorte gerechnet wird, die liberalen Hosen runterläßt, um sein muffiges Spießer-Ego zu entblößen?

Boehlich beruft sich nicht auf die Gnade der späten, sondern der richtigen Geburt. Er hat lesen gelernt, er weiß Kant richtig zu interpretieren und er kann französische Bücher lesen, noch bevor sie übersetzt werden. Alles Fähigkeiten, die mir abgehen. Warum das so ist, wird aus dem Kontext klar. Ein Netzwerk von Hämen, Andeutungen und scheinbar sachlichen Hinweisen (»Der Antisemitismus geht ihn als Juden an ...«) ist der Boden, auf dem ein souveräner Kenner von Literatur und Philosophie, »dem die Geschichte kein Buch mit sieben Siegeln ist«, das Urteil spricht über einen, der »für das Thema einfach zu ungebildet ist« und der im übrigen »alles, was einem Juden widerfährt, auf den Judenhaß« schiebt – ein besonnener, gebildeter deutscher Kulturmensch gegen einen paranoiden, ungebildeten Juden also. Boehlich hat die naturgegebene Lizenz, sich zu äußern, worüber er will – ich hingegen »menge« mich ein, wenn ich einen Artikel über Antisemitismus schreibe, und ich schlage dabei über alle Stränge, weil ich die Dinge nicht so sehe, wie er sie dargestellt haben möchte.

Was ist eigentlich los mit Walter Boehlich? Hat er ein individuelles Problem mit mir? Kann er mich nicht leiden, was zwar unverständlich aber durchaus legitim wäre?

Er hat, scheint mir, in jedem Fall ein Problem mit einem bestimmten Typus. Im September 1982 veröffentlichte er in der »Süddeutschen Zeitung« eine Kritik des Buches »Der eingebildete Jude« von Alain Finkielkraut. Finkielkraut, nach dem Krieg geboren, wuchs in Frankreich auf und hat, wie viele aus unserer Altersgruppe, irgendwann mal gemerkt, daß es nicht reicht, die Sprache des Landes, in dem man lebt, zu sprechen und bei Demonstrationen gegen das Böse und für das Gute mitzulaufen, daß da, trotz aller Bemühungen dazuzugehören und gute französische bzw. deutsche Staatsbürger zu sein, irgendetwas bleibt, das nicht abgelegt werden kann, ein Stück Geschichte, das uns auch dann nicht losläßt, wenn wir es loswerden möchten. Und darüber hat er ein kluges, witziges und selbstironisches Buch geschrieben, dessen doppeldeutiger Titel offen läßt, ob er sich etwas darauf einbildet, daß er ein Jude ist oder sich nur einbildet, ein Jude zu sein.

Kein Rezensent fühlte sich dadurch dermaßen herausgefordert wie Boehlich, keiner hat das Buch so in Grund und Boden verrissen wie er. Es war, genau genommen, keine Kritik des Buches, sondern ebenfalls ein Versuch, den Autor zu psychiatrisieren. Finkielkraut sei, analysierte Boehlich, »ein Fall, mehr für die Couch als für die Öffentlichkeit« – als ob irgendjemand, der schreibt, Boehlich und mich eingeschlossen, nicht von vorneherein ein Fall für die Couch wäre – und deswegen habe Finkielkraut »seinen Fall öffentlich gemacht, mit einem fast grenzenlosen Pathos, das sich von Anklage zu Anklage steigert, wobei der Haß immer den anderen, die Liebe immer nur ihm selbst zukommt«. Dabei, so Boehlich, gehöre Finkielkraut zu jenen Nachgeborenen, »die einerseits geschützter sind als die Juden es in einer nichtjüdischen Gesellschaft je gewesen sind«, die »keine eigene Erfahrung von dem haben, was Antisemitismus sein kann«, die aber dennoch, grundlos und unberechtigt, so tun, »als seien sie die Überlebenden, ermordet zugleich und noch einmal davongekommen«, getrieben von »dem Verlangen, ein Opfer zu sein, ohne geopfert worden zu sein ...« – Deswegen brauchen sie »den alten Antisemitismus als die alte Bedrohung«; und da es den nicht gibt, erfinden sie einen, an dem sie sich festhalten können.

Boehlich stellt nicht mal formhalber die Frage, ob eine Umwelt, in der die Nachgeborenen nicht sicher, sondern nur geschützter sind, als dies in früheren Zeiten der Fall war, die den Kindern der Verfolgten nur eine relative Sicherheit bietet, nicht allein schon dadurch ein gewisses Mißtrauen ihr gegenüber rechtfertigt. Er erklärt den Antisemitismus zu einer jüdischen Fiktion und einem jüdischen Bedürfnis, zu einem Artefakt, das von den Juden herbeibeschworen wird, weil sie es zu ihrer Identitätsfindung brauchen. Und wenn Boehlich den Juden schon sagt, daß sie unter Antisemitismus-Halluzinationen leiden, dann sagt er ihnen auch gleich, daß sie ihr Judesein ganz falsch verstehen. Finkielkraut z.B. zeichnet sich durch »seine fanatische Ablehnung aller Assimilationsversuche« aus, er hat eine »einäugige Sicht auf das, was er für jüdisch hält«, nämlich »eine ganz bestimmte regionale jüdische Lebensform«; die Geschichte des jüdischen Volkes, belehrt Boehlich seine Leser, »kann so wenig auf das Leben in den polnischen Dörfern beschränkt werden, wie das Ziel der jüdischen Geschichte Israel sein muß«.

Finkielkraut hat weder das eine getan noch das andere behauptet, ganz im Gegenteil, aber er hat etwas unterlassen, was er hätte tun müssen, um Boehlichs Gnade zu finden: er hat seinem Judentum nicht abgeschworen, es nicht einem Bekenntnis zu allgemeinen menschlichen Werten geopfert. Und so schüttelt sich Boehlich vor Ekel und Entsetzen: »Was mir Finkielkrauts Pamphlet so unangenehm macht, ist seine Weinerlichkeit, sein Lamentieren, dessen Ursachen ich freilich nicht bagatellisieren will. Wer so krank ist, wer solche Mühen hat, zu einem Selbstbewußtsein zu gelangen, für den muß man wohl ein Stück Sympathie aufbringen – für ihn, aber nicht für sein hilfloses Herumstochern in einer Geschichte, von der er nur naive Vorstellungen hat.«

Walter Boehlich, der barmherzige Ritter – er verzeiht einem kranken Juden gerade noch seine Weinerlichkeit aber nicht den dilettantischen Umgang mit der jüdischen Geschichte. Und eine Bildungslücke, die er nicht unausgesprochen lassen kann, hat er natürlich auch entdeckt: Finkielkraut kennt Theodor Herzl nämlich nur »aus zweiter Hand« – etwa weil er den »Judenstaat« nur in der französischen Übersetzung gelesen hat? Wie gut hat's da unser Walter, der sowohl Poliakov wie Herzl in der Originalfassung zu sich nehmen kann.

Also was ist los mit Walter Boehlich? Was macht ihn so wütend, so beckmesserisch, so überheblich? Was läßt ihn auftreten wie einen frustrierten Oberlehrer in der »Feuerzangenbowle«? Was regt ihn so auf an einem Schriftsteller, der Jude ist und darüber schreibt? Finkielkraut ist in der französischen Gesellschaft zu Hause, so wie es die jüdischen Intellektuellen in der deutschen Gesellschaft bis 1933 waren. Allerdings, da ist ein nicht assimilierter Rest in ihm, ein Sentiment angesichts der jüdischen Leidensgeschichte im allgemeinen und der Verfolgung seiner Eltern im besonderen. Dieser nicht assimilierte und auch nicht assimilierbare Rest, der nichts mit Religiosität, Tradition oder Gesetzestreue zu tun hat, sondern eine Frage des Erinnerungsvermögens ist, unterscheidet Finkielkraut von seinen nichtjüdischen Landsleuten und läßt ihn über Dinge nachdenken, über die nachzudenken andere keinen biografischen Anlaß haben. Und dies ist schon weit mehr, als Boehlich verkraften kann.

Boehlich hat offenbar ein Problem mit Juden, die zu ihrem Judentum, wie rudimentär und säkularisiert es sein mag, stehen. Je stärker die jüdische Identifikation, um so heftiger reagiert er. Er gehört zu der Sorte von »liberalen Demokraten«, die, wie Sartre schreibt, den Juden mit Vorliebe vorwerfen, sich als Juden »zu betrachten«, während die Antisemiten den Juden vorwerfen, Juden »zu sein«. Den Antisemiten stört die objektive Tatsache, den liberalen Demokraten das subjektive Selbstverständnis. Die Antisemiten möchten die Juden abschaffen, die »Demokraten« dagegen nur das Judentum, ohne den Juden Gewalt anzutun. So mag auch Kants »Euthanasie des Judentums« zu verstehen sein, nicht als »die Vorwegnahme von Auschwitz« – eine Auslegung, die Boehlich mir unterstellt – aber als eine jener theoretischen Überlegungen zur Beseitigung des Judentums, die schließlich, abseits aller philosophischen Feinheiten, in der versuchten Beseitigung der Juden ihren praktischen Niederschlag fanden. Die feinen Differenzierungen zwischen Judentum einerseits und Juden andererseits, wie sie auch von Boehlich vorgenommen werden, dienen nur der Verschleierung der Tatsache, daß das eine nicht ohne die anderen liquidiert werden kann.

Dies ist der eine Trick, dessen Boehlich sich bedient. Der andere ist noch blöder. Indem er den »Nachgeborenen« erklärt, sie hätten »keine eigene Erfahrung von dem, was Antisemitismus sein kann«, schließt er nicht nur aus, daß sie sehr wohl Antisemitismus erlebt und erfahren haben können, was nicht allzu schwer ist in einer Umgebung, in der Synagogen und jüdische Kindergärten von der Polizei bewacht werden müssen und der Aufenthalt in einem jüdischen Restaurant mit einem unkalkulierbaren Risiko verbunden ist. Er legt auch fest, was als die authentische Antisemitismus-Erfahrung gelten darf: die Endlösung. Dies ist Boehlichs Maßstab für Antisemitismus, unterhalb dieser Meßlatte kann alles andere als unverdächtig passieren.

Mit dieser Haltung läßt sich auch Boehlichs Engagement für das Frankfurt-Stück von Faßbinder erklären. Er hat im November 1985 im »Spiegel« einen Essay über »Frankfurt, Faßbinder und die Juden« veröffentlicht, und dabei das Stück zu einem Lackmustest für die Freiheit der Kunst und die Möglichkeit einer ungehinderten Diskussion erhoben; wobei ihn die Tatsache, daß er dem Verlag der Autoren freundschaftlich und professionell verbunden ist, daß er als ein loyaler Mitarbeiter eines Unternehmens die geschäftlichen Interessen seines Arbeitgebers vertrat, nicht daran hinderte, mit der Attitüde eines unparteiischen Beobachters aufzutreten. Auch bei dieser Gelegenheit tischte er die banalsten Einsichten mit der Grandezza philosophischer Weisheiten auf. Wer zum Beispiel sich schon lange fragte, was Deutsche und Juden eigentlich unterscheidet, bekam auf diese Frage von Boehlich endlich die korrekte Antwort. Nur wenige Deutsche »fühlen sich direkt oder indirekt schuldig, während fast alle Juden sich auch nach einem halben Jahrhundert noch als Opfer fühlen, selbst dann, wenn sie mit dem, was Antisemitismus sein kann, nicht konfroniert worden sind ...«

Klingt irgendwie bekannt, nicht? Auch nach fast einem halben Jahrhundert(!) *fühlen* sich die Juden noch immer als Opfer, selbst dann, wenn sie mit dem, was Antisemitismus sein *kann,* nicht konfrontiert worden sind – was erstens bedeutet, daß der Antisemitismus ein Phänomen der Vergangenheit ist und zweitens die Juden heutzutage kaum Gelegenheit haben, Antisemitismus zu erfahren, aber: »Es nützt ihnen nichts, daß sie in der Bundesrepublik vergleichsweise geschützt leben ...«

Statt also darüber dankbar zu sein und sich darüber zu freuen, daß keine Pogrome mehr stattfinden und nur noch jüdische Friedhöfe geschändet werden, profitieren die Juden von einem Vorteil, den Boehlich »eine Art Disproportionalität« nennt, »die dem faktisch Schwächeren eine nahezu unangreifbare Position dem faktisch Stärkeren gegenüber verschafft«. Dies können die Deutschen sich auf die Dauer natürlich nicht bieten lassen, daß sie, als die faktisch Stärkeren, von ein paar Schwächlingen an der Entfaltung ihrer Kapazitäten gehindert werden. Also müssen sie die faktisch Schwächeren aus ihrer Position der Unangreifbarkeit herausmanövrieren, um die natürliche Ordnung der Dinge wieder herzustellen: die Schwächeren kriegen von den Stärkeren eins auf die Nuß.

Ganz im Widerspruch zur öffentlichen Rezeption des Faßbinder-Stücks – der »Vorwärts« versicherte, den reichen Juden gäbe es wirklich, ihm gehöre das halbe Frankfurt; »Der Spiegel« interviewte den Mann und fragte ihn nach seinem Besitz und seinem Umgang mit Prostituierten; Peter Iden wollte unbedingt die Rolle des jüdischen Kapitals aufgedeckt wissen – im Gegensatz also dazu, wie das Stück aufgenommen und verstanden wurde, verlautbarte Boehlich mit dem ihm eigenen Hang zur studienrätlichen Besserwisserei, dies sei »kein Stück über oder gegen einen jüdischen Spekulanten«, sondern »ein Stück über die Angst und den Tod, die Unmöglichkeit zu leben, das entfremdete Leben überhaupt . . .«, keineswegs sei mit dem Reichen Juden »ein bestimmter, identifizierbarer Jude gemeint . . .«

Während Boehlich sich in der Öffentlichkeit darum bemühte, das Stück als eine Metapher auf das entfremdete Leben darzustellen, argumentierte der Verlag der Autoren in einem Urheberrechts-Prozeß um das Stück genau entgegengesetzt: Faßbinder habe seine Figuren der »Frankfurter Realität« entnommen. Und das Landgericht Frankfurt entschied, der Reiche Jude habe »eine realitätsbezogene Persönlichkeit«. So war das Stück, je nach Bedarf, mal ganz Fiction und mal halbe Dokumentation. Und Walter Boehlich gab sein Bestes, diesen kleinen Widerspruch zu harmonisieren.

Auf die rhetorisch gemeinte Frage: »Ist es schlimm, daß die Rolle des Spekulanten einem Juden gegeben wird?« gab er sogleich die beruhigende Antwort: »Objektiv sicher nicht. Schlimm wäre es nur, wenn Faßbinder den Eindruck erweckte, daß der ›reiche Jude‹ spekuliert und rücksichtslos, weil er Jude ist . . « – Welcher Simpel könnte schon diesen Eindruck aus einem Stück gewinnen, in dem ein rücksichtsloser Spekulant auf den Namen »der reiche Jude« hört? Gewiß spekuliert und rücksichtslos ist, weil er Jude ist . . « – ist, sondern weil er als Kind mit Gefillte Fisch gefüttert wurde.

Beohlich scheint zu ahnen, auf was für schwachen Füßen seine Entlastungsbelege stehen, denn er schiebt gleich noch ein Argument der Marke Steinhäger nach: »Niemand hat erklärt, warum in unserer Gesellschaft jedermann von einem jüdischen Dirigenten, einem jüdischen Physiker, einem jüdischen Philosophen reden kann und nichts als eitel Wohlgefallen auf allen Seiten auslöst, daß aber sofort der Abwehrreflex Antisemitismus sichtbar wird, wenn von einem jüdischen Spekulanten geredet wird ...«

Das müßte Boehlich, der sich auf seinen politischen und theoretischen Kopf einiges zugute hält, eigentlich selber wissen, wenn er nicht an einer Art »Disproportionalität« leiden würde, die ihm den Blick auf die einfachsten Tatbestände trübt: Der »jüdische Physiker« zielt auf den Physiker im Juden, weist auf die gesellschaftliche Entwicklung von Menschen hin, deren Eltern oder Großeltern noch Schuster und Schneider im Ghetto waren und von Physik so viel Ahnung hatten wie Boehlich vom Judentum; der »jüdische Spekulant« dagegen meint den Juden im Spekulanten, es kommt nicht auf den Job, sondern auf die konfessionelle oder ethnische Zugehörigkeit des Jobbers an.

Das ist der kleine Unterschied, den Boehlich nicht wahrnimmt, nicht wahrnehmen will. Zudem ist der jüdische Spekulant ein jahrhundertealtes Stereotyp, das eine ungeheure mörderische Gewalt akkumuliert hat. Der reiche Jude, der jüdische Ausbeuter und Blutsauger, das war die Alibi-Metapher, deren suggestive Kraft von Nutzen war und die Energien der Massen mobilisierte, als es darum ging Jud Süß aufzuhängen, die jüdischen Geldverleiher, bei denen die christlichen Geschäftsleute verschuldet waren, totzuschlagen, den jüdischen Besitz in Deutschland zu arisieren und die Vertreibung und Vernichtung der Juden zu rechtfertigen. Es gibt keine Möglichkeit, mit dieser

Metapher so unschuldig umzugehen, als ginge es um einen besoffenen, linkshändigen oder blöden Juden. Der Begriff ist belastet, besetzt, im »jüdischen Spekulanten« steckt immer auch die Aufforderung zu seiner Unschädlichmachung.

Die Aufführung des Faßbinder-Stücks würde keinen neuen Antisemitismus machen, beteuert Boehlich, als säße er im Kopf eines jeden Theaterbesuchers und könnte dessen Gedanken lesen, aber es könnte sein, »daß sie den einen oder anderen verletzt«; um »den Angst habenden Juden« die Angst zu nehmen, hätte einer, »der kein Jude ist«, aufstehen und sagen sollen: »Was immer geschieht, wenn es noch einmal einen militanten Antisemitismus bei uns geben sollte, diesmal werden wir für euch kämpfen oder gemeinsam mit euch umkommen.«

Mir kommen die Tränen. Ich sehe schon Scharen von deutschen Menschen, die sich um einen Platz im Viehwaggon schlagen, Seite an Seite mit den Juden, mit denen sie das letzte Frankfurter Würstchen solidarisch teilen. So was entspricht einerseits genau den historischen Erfahrungen der Juden, die sich in Zeiten der Verfolgung vor Hilfsangeboten nicht retten konnten, und andererseits wäre Walter Boehlich im Notfall unter den ersten, die danach gieren würden, mit den Juden umkommen zu dürfen – vorausgesetzt, er wäre nicht grade mit dem Verfassen eines Artikels über jüdische Antisemitismus-Paranoia beschäftigt.

So billig – mit ein paar Worten, die ihm im Hals stecken bleiben müßten, wenn er auch nur einen Hauch von Schamgefühl hätte – kann sich ein deutscher Intellektueller heutzutage als *potentieller* Beschützer der Juden darstellen, um ihnen im selben Atemzug zu sagen, sie sollen sich wegen eines Stückes, das sie kränkt, das in ihnen die schlimmsten Erinnerungen wachruft, nicht so kleinlich anstellen. Gott beschütze mich vor denen, die es gut mit mir meinen, mit den anderen werde ich allein fertig.

Wenn man begreifen will, warum es in der Bundesrepublik so aussieht, wie es aussieht, muß man nicht nur hinhören, wie es aus den Kohls spricht, man muß auch achtgeben, wie es aus den Boehlichs denkt: dasselbe Bedürfnis, sich die Realität für den Hausgebrauch zurechtzulegen; dasselbe Talent, nicht zu sehen, was man nicht sehen will; dieselbe moralische Anmaßung und politische Präpotenz; dieselbe Selbstgefälligkeit und Selbstgerechtigkeit; dieselbe Entschlossenheit, Abweichler von der korrekten Linie als Verräter oder Verrückte auszugrenzen.

Jeder verteidigt seinen ideologischen Schrebergarten auf seine Weise, der eine plump, der andere etwas geschickter. »Das deutsche Volk ist immun gegen Antisemitismus«, sagt Kohl. »Es gibt keinen linken Antisemitismus«, sagt Boehlich, der sich nur mit einem Teil des deutschen Volkes identifizieren mag, aber den genauso verteidigt wie Kohl das große Ganze. Da wird Geschichte geklittert und Gegenwart geflickt und selbst Glatzköpfe streiten darüber, ob der Scheitel rechts oder links hingehört. Wenn Boehlich die Bundesrepublik als »verkommen« bezeichnet, dann distanziert er sich vordergründig von einem System, dessen Regeln er zu den seinen gemacht hat, mit kleinen Abweichungen, entsprechend dem Markt, den er bedient.

Gewiß ist Helmut Kohl kein Antisemit, auch wenn er sich schützend hinter den Abgeordneten Fellner und dessen antisemitisches Gefasel stellt. Das ist nur eine Frage der Parteidisziplin. Und ebenso sicher ist auch Boehlich kein Antisemit – einige seiner besten Freunde sind sogar Juden: Moses Mendelssohn, Salomon Maimon, Marcus Herz und auch ein gewisser Johann Jacoby aus Königsberg, der wegen Majestätsbeleidigung und Hochverrats verfolgt wurde und zur Steuerverweigerung gegen die Regierung Bismarcks aufrief, ein Jude nach Boehlichs Geschmack: kämpferisch, engagiert, ein Held der Frankfurter Nationalversammlung, jüdisch zwar von Geburt aber nicht aus Überzeugung.

Von diesem Johann Jacoby ist ein Ausspruch übermittelt, den er am 2. 11. 1848 gegenüber Friedrich Wilhelm IV getan hat: »Das ist das Unglück der Könige, daß sie die Wahrheit nicht hören wollen!«

In dieser Beziehung legen auch manche Republikaner eine konsequent königliche Haltung an den Tag.

Und das Differenzieren nicht vergessen!

Bei einer öffentlichen Diskussion, an der ich kürzlich teilnahm, sprach ein Teilnehmer vom »millionenfachen Mord« an den Juden. Worauf sich eine junge Frau aus dem Publikum zu Wort meldete und sagte, man müsse hier sehr genau sein und sauber differenzieren. Rechtlich betrachtet könnte es sich zum Teil auch um Totschlag gehandelt haben. Darauf rief ich in den Saal: »Oder auch nur Körperverletzung mit Todesfolge!« – Und die junge Frau erwiderte: »Ja, das auch.«

Differenzierung heißt also das Gebot der Stunde und allerorten im Lande bemüht man sich, präzis zu denken und differenziert zu sprechen und zu entscheiden. Ein Polizeibeamter wird wegen Körperverletzung angeklagt. Daß er zugeschlagen hatte, steht außer Zweifel. Ein Zeuge sagt: mit der Faust. Ein anderer: mit der flachen Hand. Worauf die Differenz in den Aussagen zum Freispruch führt. Ein Diplomat aus dem Auswärtigen Amt hält zum 9. November eine Gedenkansprache, in der er u.a. sagt, die »Durchführung« des Pogroms habe »man der SA und teilweise der SS« übertragen, »welch letztere sich jedoch nur widerwillig die Finger schmutzig zu machen bereit war«. Die Rede wird von einer Zeitung abgedruckt, die zugleich in ihrem Feuilleton darüber sinniert, »wie ungeheuer leicht sich die Juden in die Rolle des Opfers haben drängen lassen, bis hin zur schier obszönen Kollaboration mit den Tätern ...«

Das ist genau beobachtet und korrekt differenziert. Die widerwillige SS auf der einen Seite, die sich die

Finger nicht schmutzig machen wollte, und die kollaborationsgeilen Juden auf der anderen Seite, die ihren Verfolgern begeistert entgegenkamen. Auch diese Differenzierung war schon lange fällig.

Der neuen Unschuld und der frischen Schamlosigkeit folgt nunmehr das allgemeine Differenzierungsverlangen. Es unterscheidet sich von seinen Vorläufern dadurch, daß an die Stelle der Verteidigung bzw. Verweigerung (»Was hab ich mit dem ganzen Schrott zu tun?«) die Bereitschaft getreten ist, sich auch mit Dingen auseinanderzusetzen, die einen persönlich nicht betreffen – in differenzierter Form natürlich.

Nach einer Lesung in einer süddeutschen Universitätsstadt, während der ich u.a. gesagt hatte, spätestens seit Auschwitz läge es an den Juden zu bestimmen, was Antisemitismus sei, protestierte ein Student gegen meine Ansicht und meinte, die Juden könnten kein »Definitionsmonopol für Antisemitismus« beanspruchen. Was ich für einen sehr späten Nachtrag im Kampf gegen jüdische Monopole schlechthin hielt, einen Kampf, der sich aus Mangel an jüdischen Waren-, Bank- und Verlagshäusern gegen das letzte jüdische »Monopol« richtet, nämlich das, entscheiden zu wollen, was von Juden als Judenfeindschaft empfunden wird, was ich also für symbolischen Anti-Monopolismus hielt, erwies sich auf Nachfrage als eine differenzierte Position, die verschleierte historische Zusammenhänge mutig aufdeckte. Mit Hilfe des jüdischen Definitionsmonopols für Antisemitismus, belehrte mich der Student, würden »die Ermordeten von ihren eigenen Rechtsnachfolgern als nationalistisches Alibi mißbraucht« und unter Berufung auf den Holocaust würden die seitdem von Juden angerichteten Massaker »für nichtig erklärt«; der Protest gegen den Mißbrauch der ermordeten Juden durch die Überlebenden und Nachgeborenen war ein Ausdruck echter Sorge um die Würde der Toten und zugleich Zeichen differenzierten Umgangs mit einem delikaten Phänomen: man kann in der Tat Juden, die sich noch nicht mal untereinander darüber einigen können, wer zweifelsfrei als Jude gelten könne, kaum die Entscheidung darüber überlassen, was als Antisemitismus gelten solle. Oder andersrum: der Antisemitismus ist eine viel zu ernste Angelegenheit, als daß man seine Begriffsbestimmung ausgerechnet Juden anvertrauen könnte.

Wer einer dermaßen differenzierten Haltung mit dem platten Einwand begegnet, es sei schließlich Sache der Frauen zu entscheiden, was frauenfeindlich wäre und die der Homosexuellen, wodurch sie sich gekränkt und angegriffen fühlen würden, übersieht, daß sowohl Frauen wie Homosexuelle noch nie ein Definitionsmonopol für Frauen- und Schwulenfeindlichkeit hatten. Bestenfalls durften sie mitreden und ihre Meinung zu Gehör bringen, nicht mehr. Warum also sollte Juden ein Recht zugestanden werden, das andere Gruppen der Gesellschaft nicht haben?

Wo so sauber und gründlich differenziert wird, kann ich nicht umhin, einen schweren Mißgriff öffentlich einzugestehen. Ich hatte behauptet, der Frankfurter Intendant habe im Zusammenhang mit dem Faßbinder-Stück »Der Müll, die Stadt und der Tod« von einem »Ende der Schonzeit« gesprochen. Dies hat er auch getan, aber nicht, wie ich es ihm unterstellt hatte, bezüglich der Juden, sondern mit Blick auf das Stück selbst, mit dem man sich »nach zehn Jahren, nach zehn Jahren Abschiebung des

Stückes, nach zehn Jahren Schonzeit« beschäftigen müsse. Zu recht verwahrte sich der Frankfurter Intendant gegen meine Unterstellung und klärte mich in der ruhigen Atmosphäre eines richterlichen Beratungszimmer darüber auf, daß Theaterstücke eine »Schonzeit« bräuchten, bis sie aufgeführt werden könnten, dies sei ein alter Begriff aus der Theaterwelt, der Kennern vollkommen vertraut wäre. Ich Trampel hatte noch nie etwas darüber gehört, daß Stücke durch Nicht-Aufführung »geschont« werden müßten und, total undifferenziert, falsche Schlüsse gezogen. Aus Schaden wird man klug. Nun übe ich fleißig und werde bald zu jenen gehören, deren Differenzierungskapazität jeder Belastungsprobe gewachsen ist.

O Sole mio !!!
oder
Wie man in der Bundesrepublik politisches Asyl bekommt, wenn man als Sänger keine Karriere schafft

Anhand der Akten kann folgendes als gesichert angesehen werden: Heny Carbonari wurde am 6. Juni 1943 in Lissabon geboren. Ihr Mädchenname ist Eysenberg. Ihr Mann, Josephe Carbonari, stammt aus Catania/Sizilien und ist drei Jahre älter als seine Frau. Das Ehepaar hat zwei Kinder; eine Tochter, Golda, geboren 1973 in Catania und einen Sohn, Placido, geboren 1977 in Herne in der Bundesrepublik, wo die Carbonaris seit Ende 1976 leben.

Vom Juni 1974 bis November 1976 hat die Familie Carbonari, die sich manchmal auch Carbonaro nennt, in Israel gelebt. Obwohl sie sowohl italienische wie auch israelische Staatsbürger sind, hat das Bundesamt für die Anerkennung ausländischer Flüchtlinge in Zirndorf die Carbonaris als Flüchtlinge und als Asylberechtigte gemäß § 28 des Ausländergesetzes anerkannt.

Was sonst noch über den Fall der Familie Carbonari/Carbonaro gesagt werden muß, bedarf längerer Erklärungen. Ich will die Geschichte in der Reihenfolge erzählen, in der ich sie selbst erfahren habe.

Das erste Mal stieß ich auf den Namen Carbonari im Oktober 1981. Auf der Personalien-Seite des »Stern« vom 8. 10. erschienen zwei Meldungen. In der einen ging es um den katholischen Theologen und

Immer-noch-Priester Horst Herrmann, der gerade im Begriff war, eine 24jährige Studentin zu ehelichen, in der anderen um eine Hausfrau aus Herne. Die Meldung hieß:

»Heny Carbonari, 38, im nordrheinwestfälischen Herne lebende Jüdin, sammelt Unterschriften für den Frieden in Israel. ›Meine Synagoge ist die Straße‹, sagt die streitbare Frau, die seit eineinhalb Jahren durch die Bundesrepublik zieht und zur Solidarität mit der israelischen Bewegung ›Peace Now‹ (Frieden jetzt) aufruft. Weil sie sich öffentlich gegen die israelische Siedlungspolitik in den besetzten Gebieten und für ein friedliches Zusammenleben mit der Palästinensischen Befreiungsorganisation (PLO) ausgesprochen hatte, wurde sie 1976 aus Israel ausgewiesen. Am 10. Oktober will Frau Carbonari auf der Bonner Friedenskundgebung um Unterschriften für ›Frieden jetzt‹ werben.«

Einiges an dieser Meldung kam mir merkwürdig vor. Zuerst, daß jemand von Herne aus für den Frieden in Israel agiert, seit über einem Jahr durch die BRD reist und Unterschriften für »Peace Now« sammelt. Was macht so ein Mensch sonst, wovon lebt er? Dann die Behauptung, Frau Carbonari habe sich für ein friedliches Zusammenleben mit der PLO ausgesprochen. Es gibt viele Israelis, die sich für ein friedliches Zusammenleben mit den Palästinensern einsetzen, aber ein friedliches Zusammenleben mit der PLO, die ihrerseits alles andere als ein friedliches Zusammenleben mit Israel im Sinn hat, kam mir als politische Forderung doch etwas frivol vor. Und schließlich die Konsequenz von Frau Carbonaris öffentlichen Aktivitäten in Israel, ihre Ausweisung aus dem Land. Daß Israel, immerhin eine parlamentarische

Demokratie mit Gewaltenteilung, oppositionelle Bürger ausweist, so wie dies die Sowjetunion und die DDR tun, war mir neu. Daß so etwas in Israel unbemerkt und unwidersprochen geblieben wäre, hielt ich für ausgeschlossen.

Ich rief also die für die Personalien-Seite zuständige Redakteurin, Frau Grobelny, an und sie erklärte mir, wie die Meldung ins Blatt gekommen wäre. Eine freie Mitarbeiterin aus dem Ruhrgebiet, die schon viel für den »Stern« gemacht hätte, habe mit Frau Carbonari in Herne gesprochen, und die habe der freien Mitarbeiterin die Sache so geschildert, wie sie nun im Blatt stehen würde. Wieso Frau Grobelny denn so sicher wäre, daß die Sache so auch stimmen würde, daß Israel tatsächlich unbotmäßige Bürger ausweist, wollte ich wissen. Das sei doch allgemein bekannt, wie Israel mit politischen Gegnern umgehen würde, antwortete die »Stern«-Redakteurin, es gäbe keinen Grund, an der ganzen Geschichte zu zweifeln, auch nicht an der Tatsache der Ausweisung.

Als ich im Oktober 1981 in Jerusalem die Personalien-Meldung im »Stern« entdeckte, wußte ich nicht, daß Heny Carbonari damit nicht zum ersten Mal von einem Massenmedium gewürdigt worden war. Die »streitbare Frau« und ihr Ehemann Josephe hatten Ende des Jahres 1981, als ich mitten in der Judäischen Wüste zum ersten Mal von ihnen las, bereits das gehabt, was man gemeinhin »a big coverage« nennt. Eine große Anzahl von Zeitungen quer durch die ganze BRD hatte über die Carbonaris berichtet. Überall, wo Heny und Josephe auftauchten, ihren Stand aufbauten und sich daran machten, Flugblätter zu verteilen und Passanten um Unterschriften zu bitten, war auch die Presse (und manchmal auch das Radio) zur

Stelle, um »Die Stimme Israels« aufzunehmen und ihre Botschaft ins Land zu tragen. Anhand der Zeitungsberichte kann man die Spur der Carbonaris auf ihrer Friedenstournee durch die deutsche Medienlandschaft gut verfolgen. Schon die Überschriften der Berichte, die meist im Lokalteil erschienen, signalisieren ein Programm, das nicht nur den beiden Carbonaris, sondern auch den Zeitungen, die über sie berichteten, ein echtes Anliegen war: »Juden, Araber und Christen sollen in Frieden leben« (Dortmund), »Seit drei Jahren Friedenskampf« (Marl), »Israelis wollen Frieden« (Gelsenkirchen), »Kampf für den Frieden« (Essen), »Dem Frieden eine Gasse« (Berlin), »Israelisches Paar kämpft für den Frieden« (Oberhausen), »Sorge um Frieden« (Düsseldorf), »Für ein tolerantes Israel« (Nürnberg), »Für Frieden in Israel« (Münster), »Jüdisches Ehepaar kämpft für Frieden« (Bremen), »Für ein freies, friedliches und tolerantes Israel« (Bonn), »Demonstration für Frieden in Nahost« (München), »Juden gegen Israel« (Mainz).

Die dazugehörigen Berichte waren die Variation desselben Themas: Tapferes jüdisches Ehepaar führt einen einsamen Kampf gegen einen Staat, der ihnen übel mitgespielt hat. Im Laufe der Zeit wurde die Standardgeschichte immer bunter und mit immer neuen Details ausgeschmückt. Im Dezember 1980 erschien in einer Dortmunder Zeitung diese Meldung:

»Seit drei Jahren wirbt das Ehepaar Carbonari für ein friedliches Zusammenleben von Juden, Arabern und Christen in Israel. Das Ehepaar, das jetzt in Herne wohnt, hat daher ›Die Stimme Israels – ein Echo der Bewegung Frieden jetzt (Shalom)‹ ins Leben gerufen und wirbt um Unterschriften für diese Aktion. Josephe und Heny Carbonari fordern einen sofortigen Frieden zwischen Israelis und Palästinensern. Das Ehepaar wurde vor drei Jahren aus Israel ausgewiesen. Es sei aus ›politischen Gründen in Ungnade‹ gefallen.«

Dies war sozusagen das Muster. Drei Wochen später, Anfang Januar 1981, war aus dem Ehepaar schon eine ganze Bewegung geworden. Eine Lokalzeitung in Recklinghausen schrieb: »›Frieden jetzt‹ ist nicht nur der Titel einer israelischen Bewegung, sondern auch gleichzeitig ihr Motto. Ihr Ziel ist das Ende der israelischen Besatzungspolitik, die ihrer Meinung nach dafür verantwortlich ist, daß schon mehr als eine Million Menschen Israel verlassen haben. Endlich Frieden – auch mit Arabern, lautet die Forderung dieser Bürgerbewegung, die gestern auch in Recklinghausen Unterschriften sammelte. Federführend sind Heny und Josephe Carbonari. Ihr Kommentar: ›Wir sind die Siedlungspolitik leid‹.«

Ein paar Tage später wurden, bei einer Aktion in Marl, weitere Einzelheiten enthüllt:

»Das Ziel der eifrigen Friedenskämpfer ist es, daß Israelis, Palästinenser und alle anderen Volksgruppen in Israel friedlich zusammenleben können ... Josephe, der dort (in Israel) ein bekannter Opernsänger war, hatte plötzlich Schwierigkeiten, ein Engagement zu finden. Die ganze Misere gipfelte schließlich in der Ausweisung der Carbonaris. Als Hauptursache hierfür vermuten sie die Kontakte, die sie zu Arabern hatten ... Die Asylanten haben inzwischen in Herne eine neue Heimat gefunden, von wo aus sie ihre Reisen durch ganz Deutschland unternehmen ...«

Die »Kontakte, die sie zu Arabern hatten«, nahmen im Laufe von nur einem Monat erheblich an Gewicht zu. Im Februar 1981 berichtete das »Berliner Volksblatt«, Frau Carbonari habe »mit ihrer Familie auf der Westbank, ehemals der westliche Teil Jordaniens, gelebt und zahlreiche jordanische Freunde gehabt. Ihre mittlerweile siebenjährige Tochter lernte von arabischen Kindern deren Sprache, mit Arabern habe die Familie freundschaftlich an einem Tisch gesessen ...«

Aber das war noch nicht alles: »Gute Kontakte besitzt Frau Carbonari nach wie vor zur PLO, deren Politik der letzten Jahre sie jedoch nicht durchweg teilt. ›Ich bin gegen Terrorismus, aber einige verstehen nur die Sprache der Gewalt. Wenn es keine Reformen gibt, muß man manchmal zu härteren Mitteln greifen ...‹«

Im selben Artikel, in dem Frau Carbonari sich der guten Kontakte rühmt, die sie »nach wie vor« zur PLO hat, klagt sie auch über die »Verständnislosigkeit«, auf die sie »bei jüdischen Gemeinden, so auch hier in Berlin« gestoßen ist – ohne daß dem Autor der Geschichte oder dem verantwortlichen Redakteur etwas aufgestoßen wäre. War Frau Carbonari im Februar 1981 in Berlin mit der jüdischen Gemeinde unzufrieden, so beklagte sie sich im April 1981 in Oberhausen über die katholische Kirche. Die »Westdeutsche Allgemeine« schrieb:

»Enttäuscht zeigen sich die eifrigen Friedenskämpfer derzeit von der katholischen Kirche. ›Wir sind praktizierende Christen, haben aber von kirchlicher Seite noch keine Unterstützung erhalten ...‹«

»Praktizierende Christen« waren die Carbonaris außer in der »Westdeutschen Allgemeinen« auch noch in der »Neuen Rhein Zeitung«, dem »Marktredwitzer Tageblatt«, dem »Bonner Generalanzeiger« ... Als ein »jüdisches Ehepaar« bzw. schlicht »Juden«

wurden sie u.a. im »Weser-Kurier«, in der »Hannoverschen Allgemeinen«, der »Mainzer Allgemeinen«, von der Deutschen Presse Agentur und im WDR präsentiert. Eine symbiotische Meisterleistung im Zeichen des ökumenischen Geistes vollbrachte das »Publik-Forum«.

Während es in einer Überschrift hieß: »Jüdische Emigranten setzen sich für Palästinenser ein ...«, stand direkt daneben das Carbonari-Zitat: »Wir sind praktizierende Christen ...« – Auch hier fiel dem verantwortlichen Redakteur des katholischen Wochenblatts nichts auf.

Bei so viel Flexibilität gegenüber offensichtlichen Widersprüchen, mochten sich die Medien bei Details, die schwerer nachprüfbar sind, erst recht keine Skepsis leisten. Daß die Carbonaris »aus Israel ausgewiesen worden sind«, war eine Tatsache, die von keinem Zweifel getrübt wurde, ein Fakt, für die FAZ und für den WDR, für AP und für die »Rheinische Post«, für die »Westdeutsche Allgemeine« und für den »Kölner Stadt-Anzeiger«, für das »Berliner Volksblatt« und für den »Stern«. Ebenso selbstverständlich war, warum sie ausgewiesen worden sind: »Aufgrund ihrer Kontakte zu Arabern und wegen ihrer politischen Demonstrationen gegen rassistische Zustände in ihrem Heimatland« (Ruhr-Nachrichten), »weil sie den jetzigen Machthabern (in Israel) nicht passen« (Bonner Generalanzeiger), »weil sie sich für die rassistische Gleichstellung« – !!! – »der arabischen Bevölkerung eingesetzt haben« (Rheinische Post), »wegen ihres Engagements für die oppositionelle Peace-Now-Bewegung« (tz München).

Josephe Carbonari, der Ehemann von Heny, mußte für das politische Engagement einen hohen Preis zahlen. »Der Gesangssolist an der Oper Tel Aviv« (WAZ), »der an der Oper in Tel Aviv wohlbekannte Solist, der auch im israelischen Rundfunk und Fernsehen großen Zuspruch hatte« (Publik-Forum), »der bekannte Opernsänger hatte plötzlich Schwierigkeiten, ein Engagement zu finden« (WAZ).

Keine der Zeitungen, die das schlimme Schicksal der Carbonaris beklagten und darauf hinwiesen, daß sie nunmehr von der Sozialhilfe leben müßten, stellte auch nur ansatzweise die Frage, warum der in Israel so wohlbekannte und gefragte Solist sich ausgerechnet in der »Opernstadt« Herne niedergelassen hatte und warum er sich um keinen Job als Sänger in der BRD bemüht oder vielleicht keinen bekommen hat. Keine der Zeitungen, die ansonsten sehr genau das Kindergeld nachzählen, das Gastarbeiter bekommen, kam auch nur auf den Gedanken, ob es denn angeht, daß zwei Leute, die offenbar nicht arbeitsunfähig sind, von der Sozialhilfe eine Demo-Tournee finanzieren. (So viel Nichtfragen möchte ich mal bei zwei türkischen Kommunisten erleben, die es wagen sollten, auf dieselbe Weise gegen die Verhältnisse in der Türkei zu protestieren.)

Die Abneigung gegenüber »Scheinasylanten«, selbst wenn sie aus Vietnam oder Afghanistan kommen, schlug im Falle der Carbonaris ins Gegenteil um. Dies mag daher kommen, daß Frau Carbonari, der Kopf des Familien-Unternehmens, einen privaten Boom nutzte, der mit dem Kursverfall der israelischen Aktien in der Weltöffentlichkeit zusammenhing. Sie gab Grundsatzerklärungen ab, die allen, die von Begin die Nase voll hatten, wie Harfenklänge vorgekommen sein müssen. Hatte sie sich anfangs damit begnügt, »das sofortige Ende der israelischen Besatzungspolitik« zu fordern, »die verantwortlich für die Auswanderung von rund einem Drittel der israelischen Bevölkerung ist« (Ruhr-Nachrichten, Januar 81), so eskalierte sie ihr Programm Schritt um Schritt. Im April 1981 erklärte sie gegenüber dem WDR, sie setze sich »für eine Friedenslösung ein, die auch arabische Interessen berücksichtigt.« Im Juni 1981 gab Frau Carbonari in Bonn eine Pressekonferenz, auf der sie die aus Israel ausgewanderten Juden dazu aufrief, »für ein freies, friedliches und tolerantes Israel zusammenzuarbeiten«. In einer AP-Meldung über diese Pressekonferenz, die von vielen Zeitungen abgedruckt wurde, hieß es:

»Kritik übte die Sprecherin an der Regierung Menahem Begins. Sie sei wie alle anderen vorausgegangenen Regierungen lediglich ›Verwalter des amerikanischen Judentums‹. Außerdem verurteilte sie die Bevorzugung sowjetischer Emigranten und der Ostjuden bei der Besetzung israelischer Führungspositionen ... Es sei an der Zeit, daß Israel sich von ausländischem Einfluß löse. Juden, die nicht in Israel lebten, sollten auch keinen Einfluß auf die politischen Entscheidungen üben.«

Ebenso wie kein Mensch über die »jüdischen Emigranten« stolperte, die sich als »praktizierende Christen« vorstellten, so fiel auch niemandem die Absurdität auf, daß die Forderung, Juden, die nicht in Israel lebten, sollten sich aus der israelischen Politik raushalten, ausgerechnet von Bonn aus – 4000 Kilometer weit von Jerusalem – erhoben wurde.

Im September 1981 erklärte Frau Carbonari anläßlich eines Auftretens in Bremen, sie trete für »ein freies und selbständiges Israel ohne Furcht und Rassismus ein, augenblicklich sei Israel nämlich eine Militärdiktatur, in der gerade Pazifisten verfolgt würden ...« (Weser-Kurier). Im Oktober 1981 gaben die Carbonaris ein Gastspiel in Hannover, sie bauten am Kröpcke, mitten in der Fußgängerzone, ihren Stand auf. Die Hannoversche Allgemeine zitierte Frau Carbonari mit dem Satz: »Die Vertreter der israelischen Regierung glauben, sie hätten wegen des Holocaust ein Monopol des Leidens. Aber sie lassen andere genauso leiden ...« Im November 1981 wurden die Carbonaris in Mainz aktiv, die »Mainzer Allgemeine« (»Juden gegen Israel«) schrieb über das »Ziel« der Carbonaris: »Sie wollen ›eine richtige Opposition gegen den Staat Israel auf die Beine stellen‹.«

Bis hierher wäre die Geschichte der Carbonaris und ihrer Rezeption in der deutschen Medienwelt die Geschichte kleiner Leute, die durch den Erfolg, mit dem sie vermutlich anfangs selber nicht gerechnet haben, übermütig geworden sind. Die eine Konjunktur ausnutzen und dabei nicht merken, wie sie benutzt werden. Aber damit ist die Geschichte noch lange nicht abgeschlossen; wir sind erst bei der Einleitung.

Am 25. Januar 1977 stellte die Familie Carbonari beim Bundesamt für die Anerkennung ausländischer Flüchtlinge in Zirndorf einen Antrag auf Anerkennung als Asylberechtigte. Am 20. April 1978 wurde der Antrag vom Anerkennungsausschuß, der ersten Instanz des Bundesamtes, abgelehnt. Gegen diesen Beschluß legten die Carbonaris Widerspruch bei der zweiten Instanz, dem Widerspruchsausschuß ein. (Inzwischen wurde das Verfahren geändert, die Ausschüsse wurden abgeschafft, es entscheiden die jeweiligen Sachbearbeiter.) Der Widerspruchsausschuß hob mit Bescheid vom 19. April 1979 die Entscheidung des Anerkennungsausschusses auf und entschied: »Die Widerspruchsführer (d.h. die Carbonaris) werden als Asylberechtigte gemäß § 28 des Ausländergesetzes anerkannt.« Damit waren die Carbonaris politischen Flüchtlingen gleichgestellt, die – sagen wir – aus der Türkei, aus Äthiopien, Chile, Argentinien, Zaire oder dem Iran in die Bundesrepublik kommen – falls ein in der Türkei, in Äthiopien, Chile, Argentinien, Zaire oder dem Iran politisch Verfolgter überhaupt Asyl in der Bundesrepublik bekäme. Die Begründung des Widerspruchsausschusses für die Asylgewährung an die Familie Carbonari liest sich so:

»Aufgrund ihres Sachvortrages sowie des Umstandes, daß die Widerspruchsführerin zu 2) – (das ist Frau Carbonari) – inzwischen zum katholischen Glauben konvertiert ist, kann nicht völlig ausgeschlossen werden, daß die Widerspruchsführer zu 1) bis 4) – (das sind Vater, Mutter und die beiden Kinder) – in Israel bei einer Rückkehr Schwierigkeiten ausgesetzt wären, die über die ernstzunehmenden typischen Eingliederungsschwierigkeiten hinausgehen würden ... Die diesbezügliche Verfolgungsfurcht kann somit nicht hinreichend widerlegt werden.«

Das heißt: Mutter Carbonari ist inzwischen katholisch geworden und deswegen muß die Familie befürchten, daß sie bei einer Rückkehr nach Israel verfolgt würde – die Verfolgungsfurcht kann nicht widerlegt werden.

Möglicherweise ist man im Bundesamt für die Anerkennung ausländischer Flüchtlinge der Meinung, daß Christen in Israel heute ungefähr genauso behandelt werden wie vor etwa 2000 Jahren in Rom. Möglicherweise haben die Mitglieder des Widerspruchsausschusses zur Vorbereitung ihrer Entscheidung die »Protokolle der Weisen von Zion« gelesen oder das bekannte Filmkunstwerk »Der ewige Jude« gesehen. Möglicherweise sind sie ehrlich davon überzeugt, daß katholische Gläubige im Staat der Juden Grund zur Verfolgungsfurcht haben. Was auf alle Fälle auffällt, ist die rasche Bereitschaft, eine Verfolgung von Christen in Israel für möglich zu halten, während ein Asylsuchender aus einem christlichen Land wie Argentinien oder einem moslemischen wie Pakistan das gegen ihn verhängte Todesurteil vorlegen muß, damit man ihm glaubt, daß er tatsächlich verfolgt worden ist.

Die Entscheidung des Widerspruchsausschusses sagt nicht nur etwas aus über die Vorurteilsstruktur seiner Mitglieder, sie ist auch rechtlich ein bemerkenswertes Novum in der Praxis der Asylgewährung. »Wenn das gilt, was in diesem Bescheid drin steht, dann bekomme ich 10 000 Türken, die sonst keine Chance hätten, anerkannt zu werden, als Asylberechtigte durch«, sagte mir ein sachkundiger Rechtsanwalt.

Bei der Asylgewährung kommt es auf subjektive Gründe nicht an. Es genügt nicht, daß der Antragsteller sich verfolgt fühlt. Er muß tatsächlich verfolgt worden sein. Und er muß die Verfolgung nachweisen können, die Beweislast liegt bei ihm.

Der Widerspruchsausschuß hat im Falle Carbonari zwei Prinzipien einfach fallenlassen. Statt nach objektiven Gründen zu fragen, hat er subjektive Gründe anerkannt und er hat zugleich die Antragsteller von ihrer Beweislast befreit.

»Das ist atemberaubend«, sagte mir der Rechtsanwalt, »sonst schaffen die Behörden Unmengen von Material herbei, um sich sachkundig zu machen, sie fragen beim Außenamt nach, wie es in den betreffenden Ländern ausschaut und überprüfen dann jede Angabe der Antragsteller anhand des so gewonnenen Materials.«

Im Falle der Carbonaris hat der Widerspruchsausschuß sich einer solchen Mühe nicht unterziehen wollen. Wenigstens ein Anruf beim Außenamt wäre bei der Klärung der Frage, wie es um die Religionsfreiheit in Israel bestellt ist, dienlich gewesen.

Die Entscheidung des Widerspruchsausschusses bedeutet freilich nicht, daß die Familie Carbonari schließlich doch als asylberechtigt anerkannt wird. Es gibt beim Bundesamt für die Anerkennung ausländischer Flüchtlinge noch den Bundesbeauftragten für Asylangelegenheiten. Dieser Bundesbeauftragte ist zwar dem Bundesamt zugeordnet aber rechtlich eine eigene Behörde. Seine Aufgabe ist es, die Entscheidungen des Bundesamtes darauf zu überprüfen, ob sie mit den geltenden Gesetzen übereinstimmen. Da der Bundesbeauftragte aber gegenüber dem Bundesamt keine Weisungsbefugnis hat, kann er – wenn er eine Entscheidung des Bundesamtes für rechtswidrig hält – nur den sogenannten Rechtsweg beschreiten: er verklagt das Bundesamt vor dem zuständigen Verwaltungsgericht in Ansbach. Praktisch bedeutet das, daß eine Behörde sich selbst vor Gericht zitiert bzw. zwei miteinander konkurrierende Etagen ihre rechtlichen Meinungsverschiedenheiten vor Gericht austragen.

Genau das passiert nun im Falle Carbonari. Der Bundesbeauftragte für Asylangelegenheiten reichte am 12. November 1981 beim Verwaltungsgericht Ansbach eine Stellungnahme ein, in der er ausführt, eine Überprüfung des Falles anhand des israelischen und italienischen Staatsangehörigkeitsrechts habe ergeben, daß »die Beigeladenen«, die vier Carbonaris also, weiterhin und noch immer sowohl die israelische wie auch die italienische Staatsangehörigkeit besitzen. Es würde hier zu weit führen, die rechtliche Argumentation des Bundesbeauftragten im einzelnen wiederzugeben. Er kommt jedenfalls zu dem Schluß, daß Josephe Carbonari die italienische Staatsangehörigkeit durch die Annahme der israelischen nicht verloren und die israelische weder abgegeben noch abgenommen bekommen hat. Und selbst wenn er die italienische Staatsangehörigkeit verloren hätte, was der Bundesbeauftragte verneint, könnte er sie als geborener Italiener leicht wiedererwerben. In jedem Fall würde die Familie Carbonari durch die Inanspruchnahme ihrer italienischen Staatsangehörigkeit »die Rechtsstellung eines EG-Bürgers« in der BRD erhalten, dies wäre für sie »günstiger und sicherer als die Rechtsstellung eines Flüchtlings nach dem § 28 Ausländergesetz«. Deswegen empfahl der Bundesbeauftragte für Asylangelegenheiten »den Beigeladenen«, ohne sich auf eine Diskussion darüber einzulassen, ob sie in Israel verfolgt worden sind oder nicht, »ihr Asylgesuch zurückzunehmen ...«

Das heißt: Die Familie Carbonari war, als sie in der BRD Antrag auf Asyl stellte, im Besitz zweier Staatsangehörigkeiten: der italienischen, die Josephe Carbonari durch Geburt und Heny Carbonari durch die Heirat mit einem Italiener erworben hatte, und der israelischen, die alle Einwanderer in Israel automatisch bekommen, ohne daß sie auf ihre frühere Staatsangehörigkeit verzichten müssen. Dies war dem Widerspruchsausschuß beim Bundesamt für die Anerkennung ausländischer Flüchtlinge nicht aufgefallen, der auch weder sich noch den Carbonaris die Frage stellte, warum sie in die BRD und nicht nach Italien gegangen sind, nachdem sie Israel – freiwillig oder nicht – verlassen hatten. Rechtsanwälte, die Asylsuchende vertreten, können sich an einen zweiten Fall ähnlicher Großherzigkeit nicht erinnern. – Die Klage des Bundesbeauftragten gegen das Bundesamt vor dem Verwaltungsgericht Ansbach ist noch nicht entschieden.

Nach der medientechnischen Aufbereitung und der asylrechtlichen Bewertung hat der Fall Carbonari noch eine dritte Seite, die zu beschreiben mir schwer fällt. Ich habe die Carbonaris am 8. Februar 1982 in ihrer Wohnung in Herne besucht. Als ich sie nach einigen Stunden wieder verließ, war ich nicht nur am Rande eines Zusammenbruchs, ich wußte auch, ich würde es kaum schaffen, das, was ich eben erlebt hatte, meine Unterhaltung mit den Carbonaris, ihre Selbstpräsentation halbwegs adäquat in Worten wiederzugeben. Eine solche Situation habe ich, seit ich schreibe, noch nicht erlebt.

Um die Sache auf den Punkt zu bringen: ich halte beide Carbonaris für psychisch schwer gestörte, von Verfolgungs- und Größenwahn befallene Menschen, die eine Rolle spielen, von deren Authentizität sie selbst überzeugt sind. Sie haben sich in ihrer Als-ob-Welt eine Nische eingerichtet, in der sie gehört, beachtet und ernst genommen werden, und das nehmen sie wiederum als Beweis dafür, daß diese Als-ob-Welt tatsächlich existiert.

Ich weiß, so etwas sagt sich leichter, als es bewiesen werden kann. Wenn jemand unter Verfolgungswahn leidet, dann kann es auch gute Gründe dafür geben, die nicht seiner Einbildung entspringen. Nur wenn einer sagt, er werde von außerterrestrischen Wesen gejagt, ist er eindeutig ein psychotischer Fall, ansonsten bleibt immer ein Restzweifel übrig, ob es nicht tatsächlich so sein könnte, wie der sich verfolgt Fühlende es darstellt. Im übrigen kann ein Zustand psychischer Verwirrung auch die Folge der stattgefundenen Verfolgung sein und nicht der Beleg dafür, daß sie nur eingebildet wird. – So etwas ging mir durch den Kopf, als ich spätnachts durch Herne fuhr, zugleich mit der Gewißheit, daß die Carbonaris, trotz aller meiner Bedenken und Hemmungen, sie als einen psychotischen Fall darzustellen, in der Tat ein solcher sind.

Ich habe ein etwa zwei Stunden langes Gespräch mit den Carbonaris auf Band aufgenommen, dessen Abschrift sich wie ein absurdes Stück Prosa liest. Leider können gedruckte Zitate den Eindruck der Unterhaltung nur so unzureichend wiedergeben wie ein Rezept den Geschmack einer Speise. Frau Carbonaris Benehmen ist unbeschreibbar. Sie fällt vom Flüstern ins Schreien, sie bringt kaum einen Satz zu Ende und sie mischt ganz verschiedene Geschichten in einem Gedanken zusammen, sie hält Exkurse, die mit dem, wonach gefragt wurde, so viel zu tun haben, wie die Angabe der Uhrzeit auf die Frage nach dem Preis für ein Kilo Kaffee. Die Augen weit aufgerissen, die Arme von sich gestreckt, den Rücken kerzengerade, monologisiert sie vor sich hin, während ihr Mann Josephe, auf ein Zeichen von ihr oder ein Wort auf italienisch, die jeweils dazugehörigen Belege aus dem Nebenzimmer herbeibringt. »Ich sehe mich als Jüdin, Jesus sehe ich als den allerbesten Jud«, sagt sie zu Beginn unseres Gesprächs, und: »Es gibt sehr berühmte Rabbis, die heute Pater sind, die sagen, daß das Judentum hat sich nicht entwickelt und die Entwicklung des Judentums ist das Christentum ...« – Ob die Carbonaris denn nun Christen oder Juden seien, möchte ich wissen, in der vielleicht naiven Annahme, daß das eine das andere ausschließt. »Wir sind vollkommen in Judentum und in Christentum«, sagt Frau Carbonari, »wir sagen immer, daß wir Christen sind und doppelt Juden.«

Nach längerem Nachfragen stellt sich folgendes heraus: Frau Carbonari und ihr Mann Josephe haben dreimal geheiratet: standesamtlich in Italien, jüdisch in Portugal und dann noch einmal katholisch wieder in Italien. 1974 ist Frau Carbonari zum Katholizismus übergetreten, sie hat sich und ihre Tochter in Catania taufen lassen. Unmittelbar danach ist die Familie nach Israel ausgewandert. Der »Jewish Agency«, die Einwanderer in Israel betreut, hat Frau Carbonari nicht gesagt, daß sie zum Christentum konvertiert ist. Herr Carbonari sagt, daß er zum Judentum übergetreten ist, etwa zur gleichen Zeit, als seine Frau katholisch wurde.

In Israel bekam die Familie, nach einer kurzen Zeit in einem Einwanderer-Zentrum, eine Wohnung in Bat Yam, einem Vorort von Tel Aviv, und Josephe einen Job als Sänger im Chor der Tel Aviver Oper. Und damit fingen die Schwierigkeiten an. Josephe wollte nicht im Chor singen, sondern als Solist. Dies durfte er nicht, da, wie Josephe sagt, an der Tel Aviver Oper jeder »Goj« (Nichtjude) arbeiten kann, während Juden keine Arbeit bekommen. Als Beispiel nennt er Zubin Mehta, den aus Indien stammenden Dirigenten des Israel Philharmonic Orchestra. Frau Carbonari präzisiert, Innenminister Burg würde Künstlern, die keine Juden seien, jüdische Namen geben und sie in der Oper singen lassen. »Das ist Antisemitismus, wenn man Leute von draußen nimmt und Neueinwanderer, Juden, in den Chor demütigt, Leute die tausendmal besser als diese Solisten waren.« – Wer sind diese Solisten gewesen, die von draußen geholt und jüdischen Sängern, im besonderen Josephe Carbonari, vorgezogen wurden? Guiseppe di Stefano z.B. und Placido Domingo, sagt Frau Carbonari.

Dermaßen diskriminiert hat Josephe »einen Krieg gegen die Oper angefangen« und im Laufe einer ganz kurzen Zeit »sind wir zu einer Gefahr geworden für die Oper«. Ein Verbündeter der Carbonaris in diesem Kampf gegen die Oper sei der Musikkritiker Yohanan Boehm gewesen: »Wir haben ihn immer unterstützt, wenn er etwas gegen die Oper geschrieben hat, das war ein sehr lieber Freund, wir verehren ihn sehr ...«

Obwohl er nur im Opernchor singen durfte, hat Josephe dennoch »angefangen, berühmt zu werden«. Er sang bei Seniorennachmittagen, in städtischen Kulturzentren und einmal auch im Folklore-Club TZAVTA in Jerusalem. Nach etwa einem Jahr in Bat Yam bei Tel Aviv zogen die Carbonaris nach Jerusalem, wo sie von der »Jewish Agency« eine Wohnung in Neve Jacov, einem Neubauviertel im Norden der Stadt, bekamen. Josephe hat dann »das Programm in Kol Israel gemacht«, d.h. Konzerte im israelischen Rundfunk gegeben, dreimal, sagt Frau Carbonari. Der Rundfunk wollte mit Josephe »eine Serie von Konzerten im Khan-Theater machen«, aber: »Die Sochnut (Jewish Agency) hat nein gesagt«, das Vorhaben hintertrieben. Daraufhin ist Frau Carbonari »gegen die Sochnut losgegangen«. Immer wenn in Jerusalem etwas los war, ein Treffen der zionistischen Frauenorganisation WIZO z.B., waren die Carbonaris mit Transparenten zur Stelle und protestierten, gegen die Sochnut und auch gegen die »Yerida« (Yerida = Abstieg, bezeichnet die Auswanderung von Juden aus Israel). – Nach ihren eigenen Angaben haben die Carbonaris in Israel sich nicht für »Peace Now« engagiert und auch nicht für die »rassistische Gleichstellung« der Araber, sondern super-patriotisch gegen die Auswanderung von Juden aus Israel und auch dagegen, daß die Regierung nichts gegen die Auswanderung unternimmt. Als Itzhak Rabin, der damalige Ministerpräsident, einmal das Oberrabbinat besuchte, empfingen ihn die Carbonaris auf der Straße mit Plakaten: »Schäme dich, Itzhak Rabin, von Judentum zu sprechen, wenn es Yerida gibt.«

Tatsächlich haben die Carbonaris in dieser Zeit eine beachtliche Reihum-Korrespondenz über die Yerida geführt. Stolz zeigen sie Antwortschreiben vor, die sie von der Frau des damaligen Staatspräsidenten, Nina Katzir, von Nahum Goldmann und auch von Menahem Begin, der zu jener Zeit noch Oppositionsführer war, bekommen haben.

Die Zeit in Jerusalem ist aus den Angaben der Carbonaris nur bruchstückhaft zu rekonstruieren. Sie waren viel unterwegs, um gegen die »Yerida« zu demonstrieren, einmal campierten sie drei Tage vor dem Flughafen in Lod. Eine Sozialarbeiterin soll versucht haben, Frau Carbonari zum Besuch einer Ambulanz für psychisch Kranke zu überreden. Erfolglos.

Im November 1976 verließen die Carbonaris Israel, sie flogen von Tel Aviv nach Rom, einen Monat später nach München, von wo aus sie nach Herne fuhren. Seitdem leben sie von 800,– DM Sozialhilfe monatlich, das Sozialamt bezahlt auch die Wohnung und gibt der vierköpfigen Familie zweimal im Jahr Kleider.

Josephe Carbonari, dem eine Karriere in Israel versagt blieb, tritt nun gelegentlich in Deutschland auf.

Bei einem Fest der Jusos in Bischofsheim, bei einem Herbstkonzert der Chorgemeinschaft Billerbeck, beim »Bunten Melodienreigen«, einer Veranstaltung im Rahmen der Altenhilfe der Stadt Herne, wo er »O sole mio« und »Santa Lucia« gesungen hat. Merkwürdigerweise ist er darüber, daß er auch in Deutschland keine Karriere als Opernsolist gemacht hat, nicht verbittert.

Sie haben in Italien gelebt, ihr Mann ist Italiener, warum sind sie nach Deutschland gekommen?

Er ist nicht Italiener mehr, er ist nicht Italiener mehr.

Gut. Warum Deutschland? Warum nicht Holland, Österreich?

Schicksal.

Warum Deutschland?

Schicksal.

Was heißt Schicksal?

Kann nicht sagen. Der liebe Gott weiß. Ich weiß es nicht.

Was die Carbonaris in den Jahren 77, 78 und 79 gemacht haben, bleibt unklar. Irgendwann Anfang oder Mitte 1980, sie wissen es nicht mehr genau, nach einem Bericht im deutschen Fernsehen über eine Demonstration israelischer Bauern vor der Knesset in Jerusalem, sind sie nach Bonn gefahren und haben auf dem Bonner Münsterplatz zur Solidarität mit den israelischen Landwirten aufgerufen. Seitdem nennen sie sich »Die Stimme Israels – ein Echo der Bewegung Frieden jetzt (Shalom)«, reisen kreuz und quer durch die Bundesrepublik und sammeln Unterschriften für die israelische Friedensinitiative »Peace Now«.

Sammeln Sie auch Spenden?

Nein, nur Unterschriften.

Sie bekommen 800 Mark im Monat plus die Miete, wie bezahlen Sie die ganzen Reisen, das kostet viel Geld.

Von die zweimal im Jahr, wo wir Kleidung bekommen, und Weihnachten, Präsident Carstens hat uns 300 Mark geschickt zu Weihnachten, jedes Jahr, schon drei Jahre hat er uns geschickt.
Aber wie finanzieren Sie die Reisen?
Jetzt kann ich nicht mehr reisen. Jetzt kann ich nicht mehr Reisen. Jetzt kann ich nicht mehr reisen.
Warum nicht? Warum können Sie nicht mehr reisen?
Ich hab kein Geld mehr.

Im Laufe von eineinhalb Jahren haben die Carbonaris an die 4000 Unterschriften gesammelt. Frau Carbonari sagt, daß Präsident Carstens ihre Aktion unterstützt und, unter anderen, auch Helmut Schmidt und Annemarie Renger ihre Unterschrift der Stimme Israels gegeben haben. Das will ich sehen. Auf einen Wink seiner Frau bringt Josephe die Unterlagen.

Da ist ein Formbrief aus dem Bundespräsidialamt – Aktenzeichen A I/52s 5264/79 – bei dem der Name Carbonari in die Anrede hineingetippt wurde. In dem Brief steht: »Sehr geehrter Herr Carbonari! Um Ihnen Ihre wirtschaftlichen Sorgen ein wenig zu erleichtern, erhalten Sie aus dem Unterstützungsfond des Herrn Bundespräsidenten eine Weihnachtsbeihilfe in Höhe von 300,– DM. Dieser Betrag wird Ihnen in etwa zwei bis drei Wochen durch die Post zugestellt. Der Herr Bundespräsident läßt Ihnen zum Weihnachtsfest und für das kommende Jahr seine guten Wünsche übermitteln. Mit freundlichem Gruß, gezeichnet Reinhardt.«

Die Unterschriften von Helmut Schmidt und Annemarie Renger sind Drucksachen-Postkarten. Auf der Karte von Helmut Schmidt steht: »Für Ihre guten Wünsche danke ich Ihnen und erwidere Sie herzlich«, auf der Karte von Frau Renger: »Frohe Weihnachten und ein glückliches Neues Jahr wünscht ...«

Offenbar haben die Carbonaris Frau Renger und Herrn Schmidt einen Weihnachtsgruß geschickt und einen ebensolchen zurückbekommen. Frau Carbonari ist ganz stolz. »Sie haben unterschrieben«, sagt sie, »sie haben unterschrieben.«

Weiß Schalom Achschaw (Peace Now) von dem, was Sie hier machen?

Ich hab mal bei denen angerufen.

Bei wem?

Omri Padan, er ist einer von den Gründern, um zwei Uhr morgens und er war am Schlafen, ich hab mehrmals versucht anzurufen, willst Du sein Telefon, er ist in Jerusalem ...

Warum haben Sie ihn nicht tagsüber angerufen?

Ich hab versucht anzurufen, aber ich konnte niemand finden.

Warum zwei Uhr nachts?

Ich hab endlich nach Jahren, ich habe schon Jerusalem Post angerufen, ich habe hier angerufen und dort angerufen ...

Warum rufen Sie Omri Padan um zwei Uhr nachts an?

Ich hab über ein Jahr versucht, Peace Now zu finden oder jemand, der zu Peace Now gehört ...

Warum rufen Sie Omri Padan um zwei Uhr nachts an?

Ich hab versucht anzurufen, ich hab mit einer gesprochen, die stottert ...

Warum nachts?

Vor Freude, es sind schon Leute gewesen, die mich um ein oder zwei Uhr nachts angerufen haben. Man denkt nicht, wenn man so übertrieben vor Freude ist ...

Warum Heny Carbonari bei Omri Padan in Jerusalem um zwei Uhr nachts anrufen mußte, nachdem sie über ein Jahr versucht hat, jemand zu finden, der zu Peace Now gehört, war nicht zu klären. Ebenso unklar blieb, was Frau Carbonari mit den Unterschriften, die sie gesammelt hatte, anfangen möchte.

Was machen Sie mit den Unterschriften?

Ich brauche jemand, was mich nach vorne bringt.

Wohin nach vorne?

Nach vorne, irgendwo. Menschenrechtsverletzung z.B.

Was nutzt es dem Frieden in Israel, wenn Sie Unterschriften in Deutschland sammeln?

Ich sage, diese Herren da, die jüdische Gemeinde …

… Welche jüdische Gemeinde?

In Berlin, Hannover, Paris, New York, Chicago, Los Angeles, ich habe auch Juden da, ich habe Juden hier, Israelianer, Yordim (Auswanderer), die haben mir ihre Unterschriften gegeben, alle.

Geben Sie mir doch eine Antwort auf meine Frage.

Hab ich gesagt. Sie haben mehr gemacht, den Frieden in Israel zu unterstützen als die jüdischen Gemeinden. Sie schicken uns Leute in große Städte, uns zu beschimpfen und zu bedrohen, von den jüdischen Gemeinden.

Was nutzt es in Israel, in Jerusalem, in Hebron, in Ramallah, in Bethlehem, wenn Sie in Herne Unterschriften sammeln, was nutzt es?

Was nutzt? Ich mache ein Ende von diese Holocaust-antisemitische Propaganda.

Was heißt Holocaust-Propaganda?

Holocaust-Propaganda. Die ernähren sich davon.

Wer ernährt sich davon?

Wie heißt er? Wiesenthal und die alle anderen, die ihn unterstützen.

Was heißt Holocaust-Propaganda?

Sich Geld machen und ein Leben …

… was heißt Holocaust-Propaganda?

Weißt du, da gibt's ein Weibsstück ..., es gibt einen Professor, er ist von der Kultusgemeinde München, spricht von Antisemitismus?
Wo?
Hier. (Zeigt auf TV, macht das Gerät an.)

An dem Abend, als ich die Carbonaris in Herne besuchte, lief im ARD-Nachtprogramm ein Gespräch zwischen Hans Lamm und Eva Reichmann zu deren 90. Geburtstag. Lamm war Vorsitzender der Jüdischen Gemeinde in München. Frau Carbonari schaute sich das Gespräch eine Weile an und machte dann das Gerät wieder aus.

Warum wollen Sie Asyl haben?
Ich will Asyl haben, ich will zu die Vereinigte Nationen kommen, diese Leute vor das Gericht der Menschenrechte bringen.
Welche Leute? Die Sochnut?
Die oberen 3000.
Welche 3000?
United Jewish Appeal, Wizo usw. (United Jewish Appeal ist eine jüdische Organisation in Amerika, die Geld für karitative Zwecke in den USA und in Israel sammelt, Kinderheime z.B.; Wizo ist Women International Zionist Organisation.)
Die wollen Sie vor Gericht bringen? Alle 3000?
Mehr, mehr, die Leute, die haben Israel zugrund gerichtet, unsere jüdischen Brüder, die in England sitzen und sprechen von große Solidarität mit Israel ...
Warum wollen Sie Asyl haben?
Gerechtigkeit, als Gerechtigkeit, ich habe ein Recht, Asyl zu bekommen! Weil man hat mich verfolgt, Asyl, Asyl! Asyl ist etwas, wo man Zuflucht und Hilfe, daß ich weiter kommen kann, gegen diese Leute zu kämpfen. Ich will mein

Land von diesen Faschisten, Gangstern befreien. Schizophrenia paranoia, die Welt befreien, ich bin der Retter!
Sie sind was?
Schizophrenia paranoia.
Was ist das?
Ich paranoid schizophrenisch. Ich bin der Retter.
Von was? Was retten Sie?
Ich habe gesammelt Fakten und Dokumente, daß ich kann weiterkommen . . .

Ich habe die Zitate aus dem langen Gespräch, das ich bei den Carbonaris aufgenommen habe, hier nicht deswegen wiedergegeben, um zwei arme Menschen öffentlich bloßzustellen, sie der Lächerlichkeit auszuliefern. Ich denke, daß die Carbonaris Bedauern und Mitgefühl verdienen, aber daß dies nicht die Begriffe sein können, unter denen diese Geschichte rubriziert gehört.

Ich habe, als ich bei den Carbonaris in der Wohnung saß, mich immer wieder eins gefragt: Wie kommt es, daß all die vielen Reporter und Journalisten, die mit den beiden vor mir gesprochen haben, offenbar nichts gemerkt haben? Die machen doch keine »Special performance« für mich, sie sind so, wie sie immer sind. Wie kommt es, daß sie jeder ernst genommen und ihre Erklärungen unangezweifelt weitergegeben hat?

Dies ist die zentrale Frage bei dieser Geschichte: nicht, wie meschugge sind die Carbonaris, sondern wie meschugge können Journalisten sein, die alle Regeln des Gewerbes vergessen, wenn man ihnen das erzählt, was sie hören wollen. Diese Geschichte konnte so nur stattfinden, weil sie alle dazu notwendigen Voraussetzungen erfüllte: Juden – gegen Israel – in Deutschland. Diese Geschichte hätte mit zwei Finnen, die nach Kanada ausgewandert und dann enttäuscht nach Holland gekommen sind, nicht laufen können. Die Carbonaris hätten ihre Show in keinem anderen Land, schon gar nicht in Italien, abziehen können. Nur in Deutschland läßt sich ein klebriger Philosemitismus (»Israelis wollen Frieden«) ebenso instrumentalisieren wie dessen Kehrseite, ein klammheimlicher aber virulenter Antisemitismus, der sich die eigenen Finger nicht schmutzig machen will und sich lieber hinter jüdischen Zeugen versteckt, weil die ja, sozusagen von Hause aus, keine Antisemiten sein können.

Und gerade für jüdische Zeugen gegen Israel gibt es in der Bundesrepublik einen guten Markt. Erich Fried und Dani Diner zum Beispiel könnten das Schreiben von Gedichten und politologischen Abhandlungen aufgeben und jeden Tag auf einer anderen Nahost-Kundgebung Zeugnis gegen den Zionismus ablegen. Sie tun es oft genug. Was ist eindrucksvoller und pikanter zugleich, als ein Renegat, der sich gegen jene stellt, zu denen er gehört (als Jude) bzw. gehört hat (als Zionist)? Auch ehemalige Kommunisten, die sich der Gegenseite zur Verfügung stellen, haben gute Konjunktur.

Nachrichten, die Israels moralische Legitimation abbauen, sind in der deutschen Öffentlichkeit, die es leid ist, sich den Holocaust und die unbewältigte Vergangenheit immer und immer wieder vorhalten zu lassen, gern gehört. Sie entlasten. Woher nimmt Menahem Begin, der Terrorist, das Recht, sich über Helmut Schmidt, der in der Wehrmacht nur seine Pflicht getan hat, aufzuregen? Mit welchem Recht kommt Israel, das selbst Juden verfolgt und ausweist, dazu, sich über die politische Unmoral anderer aufzuregen?

Dies ist der Markt, auf dem die Familie Carbonari ihren kleinen Stand hat.

Ich meine nicht, daß jeder Journalist das Leben der Carbonaris in Israel hätte nachrecherchieren müssen. Es ist von Dortmund oder Bremen nicht einfach, die Frage zu klären, ob Josephe in Tel Aviv ein bekannter Solist war oder nicht. Aber die Sache mit der »Ausweisung« wäre einfach nachzuprüfen gewesen, wenn sie nicht von vorneherein geglaubt worden wäre.

Ich habe von den Carbonaris sehr viel Material mitbekommen, Material, das bei ihnen stapelweise fotokopiert herumlag und das sie auch anderen Journalisten gegeben hatten: einige hundert Blatt Unterschriftenlisten, Plakate, Briefe, die sie bekommen und geschrieben haben, Zeitungsauschnitte, selbst Kopien von Telegrammen. Darunter waren wichtige und völlig belanglose Stücke, nur eins war nicht dabei: irgendein Hinweis, ein Vermerk, ein Aktenstück, irgendetwas woraus man schließen könnte, was wenigstens darauf deuten würde, daß sie aus Israel ausgewiesen worden sind. Nichts dergleichen. Im Gegenteil, unter den Briefen war auch eine Korrespondenz mit der israelischen Botschaft in Bonn, aus der hervorgeht, daß die Carbonaris nach ihrer Ankunft in Deutschland ihre israelischen Pässe verlängert bekommen haben. Dies wäre wirklich eine Ausweisung, wie sie im Buche totalitärer Willkür steht: ein Staat, der zwei seiner Bürger rausschmeißt, verlängert ihnen nach dem Rausschmiß noch die Pässe. Im übrigen gibt es, nicht einmal in der Sowjetunion, eine Ausweisung ohne eine vorherige Aberkennung der Staatsangehörigkeit. Die Carbonaris sind – und sie bestehen darauf, daß sie es bleiben wollen – immer noch israelische Staatsangehörige.

Ich habe in Jerusalem einiges von dem nachrecherchiert, was mir die Carbonaris in Herne erzählt haben. Zuerst sprach ich mit Aleksandra Melamed, die mit Josephe Programme aufgenommen hatte und die auch, nach Angaben von Frau Carbonari, mit ihm eine Serie von Konzerten im Khan-Theater machen wollte, was von der Sochnut hintertrieben wurde. Frau Melamed konnte sich an die Carbonaris noch erinnern. »Sie rannten uns hier das Haus ein, wir haben einige Probeaufnahmen mit ihm gemacht und auch etwas davon gesendet . . .«

Nachdem sie die alten Sendeunterlagen herbeigeschafft hatte, stellte sich heraus, daß der »wohlbekannte Solist, der auch im israelischen Rundfunk und Fernsehen großen Zuspruch hatte« (Publik-Forum), ein einziges Mal im Radio aufgetreten war, am 30. November 1975, es war ein 20-Minuten-Programm mit Liedern von Gluck, Leoncavallo und Schubert. »Er war einfach künstlerisch mittelmäßig«, sagte mir Frau Melamed, »außerdem hielt er sich für den größten Sänger aller Zeiten, wir haben danach nichts mehr mit ihm gemacht.«

Als nächsten habe ich Mordechai Bar-On getroffen, Pressesprecher und Mitglied des Führungszirkels von »Peace Now«. Er hatte von den Carbonaris noch nie etwas gehört und war, als ich ihm das Material zeigte, über die ungebetenen Helfer entsetzt.

Anschließend sprach ich mit Omri Padan, den Frau Carbonari einmal vor Freude mitten in der Nacht angerufen haben wollte. Er bestätigte ihre Angaben: »Someone called me some month ago during the night, I thought it was a joke or someone crazy is calling. A woman told me she was standing in the rain and asked why we were not going to demonstrate to help her. I never heard of her before, I think she must be completely mad ...«

Schließlich sprach ich noch mit Yohanan Boehm, dem »sehr lieben Freund« der Carbonaris, den sie immer unterstützt haben, »wenn er etwas gegen die Oper geschrieben hat«. Boehm ist ein Jecke, deutscher Jude also, und schreibt Musikkritiken für die englischsprachige »Jerusalem Post«. Ihm war der Name Carbonari noch gut in Erinnerung. »Ich habe sie nie getroffen und nie mit ihnen gesprochen, aber sie haben mir zahllose Briefe geschrieben, weil sie mich in ihren Kampf gegen die Oper einspannen wollten. Ich habe die Oper wegen qualitativer Mängel kritisiert, und das haben sie nicht verstanden. Daß ich mit ihnen befreundet gewesen wäre oder sie mit mir, das ist völliger Wahnsinn. Ich hatte damals schon das Gefühl: ein kleines Licht mit einer großen Paranoia ...«

Eine der detailliertesten und farbigsten Geschichten über das schreckliche Los der Carbonaris erschien in der katholischen Wochenzeitung Publik-Forum. (Ich habe schon mehrfach daraus zitiert.) Die Publik-Story war ein knallhartes Stück richtigen Recherchen-Journalismus, griffig und genau, wie es sich gehört.

In dieser Geschichte haben die Carbonaris »auf der Westbank, dem besetzten westlichen Teil Jordaniens, gelebt und zahlreiche jordanische Freunde gehabt«, die Familie habe »mit Arabern freundschaftlich an einem Tisch gesessen«; in dieser Geschichte war Josephe Carbonari der »wohlbekannte Solist, der auch im israelischen Rundfunk und Fernsehen großen Zuspruch hatte«, hatten die Carbonaris »über 3200 Unterschriften gesammelt, darunter auch die von Bundeskanzler Schmidt und von Bundestagsvizepräsidentin Annemarie Renger«, in dieser Geschichte stießen sie als »jüdische Emigranten« auf »Verständnislosigkeit bei jüdischen Gemeinden« und als »praktizierende Christen« waren sie »verbittert über die Kirche in Deutschland«, von der sie weder »ideologischen Rückhalt« noch »Unterstützung« erhielten.

Das las sich alles sehr farbig und sehr überzeugend und am überzeugendsten war ein eingeschobener Satz, der auf den Kern der Affäre zielte: »Die guten Kontakte der Carbonaris zu Arabern, das ist inzwischen auch von israelischer Seite bestätigt worden, haben dazu geführt, daß sie aus Israel ausgewiesen wurden.«

Das hatte in keiner Geschichte über die Carbonaris gestanden, hier hatte sich ein Kollege die Mühe gemacht und auf der »israelischen Seite« nachgeforscht. Diese Quelle, die bestätigen konnte, daß die Carbonaris wegen ihrer guten Kontakte zu Arabern ausgewiesen wurden, wollte ich gerne selbst befragen. Ich rief deswegen Anfang März 82 von Köln aus den Autor der Publik-Geschichte, den Bremer Journalisten Dr. Michael Hagemann, an, erklärte ihm, worum es geht und bat ihn, mir die »israelische Seite« zu nennen. Dr. Hagemann konnte sich zuerst an die Geschichte, die Ende Oktober 81, also vier Monate zuvor in Publik erschienen war, nicht erinnern (»Wissen Sie, ich schreibe so viele Artikel ...«), aber schließlich fielen ihm doch Details ein. Die Ausweisung sei ihm »von einem Freund in Tel Aviv bestätigt worden«; wer der Freund denn wäre und woher er sein Wissen hätte, wollte ich wissen. Dr. Hagemann druckste wieder herum und sagte dann, der Freund sei ein Knesset-Abgeordneter. Mehr wolle und könne er nicht sagen, ohne den Freund vorher um Erlaubnis zu fragen.

Zwei Tage später rief ich Dr. Hagemann wieder an.

Er habe inzwischen mit zwei Freunden in Tel Aviv telefoniert, erklärte er mir, er könne aber keine Namen nennen, weil seine Freunde Repressalien befürchteten. Wovor die beiden denn Angst hätten, wollte ich wissen. Darauf Dr. Hagemann: »Die Carbonaris stehen in Israel wegen ihrer Verbindung zu Arabern auf der heißen Liste ...« Als ich Dr. Hagemann daraufhin über ein paar Details seiner farbigen Geschichte aufklärte, u.a. darüber, daß die Unterschriften von Kanzler Schmidt und Frau Renger Aufdrucke auf Weihnachtskarten seien, schien er einen Augenblick unsicher, konterte aber: »Auf alle Fälle sind sie ausgewiesen worden, das steht fest, und er war ein bekannter Sänger.«

Ich wollte von Dr. Hagemann noch wissen, welchen Eindruck Frau Carbonari auf ihn gemacht hätte. Die beiden seien damals mit ihrem Info-Stand nach Bremen gekommen, erinnerte sich der Kollege, und er sei »schnell mit dem Mikro hingelaufen«, um sie für Radio Bremen zu interviewen. »Ihr Blick war etwas merkwürdig, sie sprach auch ziemlich wirr und durcheinander, wir mußten viel schneiden ...« – Sonst war dem Dr. Hagemann bei seinem Interview mit Heny Carbonari auf dem Marktplatz der Stadt Bremen nichts aufgefallen.

Wir vereinbarten, daß Dr. Hagemann seine Tel Aviver Freunde noch einmal anruft, ihnen meine Jerusalemer Telefon-Nummer gibt und sie bittet, mich in etwa zwei Wochen anzurufen.

Ende März rief ich Dr. Hagemann zum dritten Mal an, diesmal aus Jerusalem. Seine Tel Aviver Gewährsleute hatten mich natürlich nicht angerufen. »Das kann ich nicht verstehen, sie hatten es mir fest versprochen«, wunderte er sich. Ich hatte keine Lust mehr, höflich zu sein, sagte dem einfallsreichen Dr. Hagemann, daß seine Freunde ihren Wohnsitz nicht in Tel Aviv, sondern in seinem Daumen hätten, an dem er in Momenten der Verlegenheit beim Schreiben lutschen würde und zählte noch einmal schnell auf, was an seiner Geschichte alles nicht stimmte, angefangen mit dem »wohlbekannten Solisten«, über den Wohnsitz »auf der Westbank« bis zu den »jüdischen Emigranten«, die »praktizierende Christen« seien. Dr. Michael Hagemann schwieg eine Weile auf meine Telefonkosten quer über das Mittelmeer und sagte schließlich: »Warum nehmen Sie die Geschichte so wichtig? Warum verbeißen Sie sich so in die Sache, Herr Broder?«

Die aufgeklärte Linke und die neue Judenfrage

Ein unter Juden in allen Lebenslagen sehr beliebter Stoßseufzer – halb ernst und halb ironisch gemeint – lautet: »'s ist nicht leicht zu sein a Jidd!« Aber die Schwierigkeit, ein Jude zu sein, bedrängt von Antisemiten und Philosemiten, ständig hin- und hergerissen, zwischen dem Wunsch, normal zu sein und der Versuchung, die »Auserwähltheit« für ein Privileg zu halten, immerzu auf der Suche nach einer Formel, in der äußere Bedrohung wie innere Unsicherheit aufgehoben werden könnten, die mannigfachen Strapazen einer jüdischen Existenz also, sind ein recht komfortabler Zustand, gemessen an der Schwierigkeit, ein deutscher Linker bzw. ein Linker in Deutschland zu sein. Von den »Massen« durch Sprache, Benehmen und Geschmack so weit entfernt, wie der eine Rand eines Abgrunds vom gegenüberliegenden, voller Verachtung für die Leser der BILD-Zeitung, die Fans von Peter Alexander und die Teilnehmer an Neckermann-Reisen, aber allzeit bemüht, sich bei der Kundschaft, die von ihnen nichts wissen will, anzubiedern (»Dem Volke dienen!«); sauber zwischen »falschen« und »richtigen« Bedürfnissen und deren jeweils reaktionärer bzw. fortschrittlicher Befriedigung unterscheidend; im Wissen um den richtigen Weg aber nicht imstande, andere für dieses Wissen und diesen Weg einzunehmen, stellt die hilflose Linke einen ideologischen Stoßtrupp dar, der die Verbindung zum Hinterland verloren und deswegen nicht gemerkt hat, daß die Heerscharen seit langem in eine andere Richtung marschieren. Dabei wechseln die Moden mit den Jahreszeiten. Mal ist »Krieg dem imperialistischen Krieg« angesagt, mal »Frieden schaffen ohne Waffen« und zwischendurch steht die Solidarität mit der dritten, vierten und fünften Welt auf der politischen Tagesordnung. An der Heimatfront wird die Ratlosigkeit angesichts eines Wahlergebnisses, das »linke Aufklärungsarbeit« der letzten zehn Jahre aufs Null-Bock-Niveau heruntergedrückt hat, nur noch übertroffen von der Beharrlichkeit, mit der anderen die Verantwortung dafür zugeschoben wird, daß die Verhältnisse noch immer nicht so sind, wie sie eigentlich längst sein müßten.

In der letzten Zeit scheint allerdings ein Wechsel in der Verteilung der Gewichte stattzufinden. Nachdem die Revolutionen in Kuba, Vietnam, Angola, Nicaragua und dem Iran nicht ganz so verlaufen sind, wie sie in revolutionären Zirkeln in Berlin, Frankfurt, Köln, Bremen und Pinneberg geplant worden sind, nachdem auch die PLO die in sie investierten Hoffnungen nicht erfüllen konnte, besinnen sich die Teilnehmer am langen Marsch durch die weltweiten Frustrationen auf ihre innere Geschichte und fangen an, die Schuttberge vor der eigenen Haustür durchzuarbeiten. Ähnlich den Erwachsenen, die in der Urschrei-Therapie ihrem verborgenen kindlichen Ich auf die Spur zu kommen versuchen, stürzen sich gereifte 30- bis 40jährige, die bislang über alles, nur nicht über sich selbst nachdachten, noch einmal in ihre politische Pubertät, um eine Antwort auf die Frage zu finden: »Wie wir wurden, was wir sind«.

Dagegen wäre an sich nichts einzuwenden, im Gegenteil, wenn nicht die plötzliche Regression genauso funktionierte wie vorher die Beschäftigung mit dem Lauf der großen Welt: Was radikale Offenheit zu sein vorgibt, ist in Wirklichkeit radikale Geschwätzigkeit, was vordergründig als Frage formuliert, »hinterfragt« wird, ist in der Regel eine fertige Meinung, die sich nur anstandshalber mit einem Fragezeichen garniert. Wie sehr die deutschen Linken bzw. jene, die sich nach eigener »Einschätzung« dafür halten, auf den Hund gekommen sind, wie dünn die Suppe ist, die von den »Erben« der Kritischen Theorie angerührt wird, dafür ist das Themenheft der Zeitschrift »Ästhetik und Kommunikation« ein gelungenes Beispiel. Es geht um »Deutsche, Linke, Juden«, ein Terrain also, das man zurückhaltend als »schwierig« bezeichnen könnte. Vor mehr als zehn Jahren hat Jean Amery schon Aufsätze zum selben Thema veröffentlicht (u.a. »Juden, Linke – linke Juden«) und damals, von den Adressaten weitgehend unbemerkt, vorweggenommen, was die »Ä&K«-Macher heute wie eine erste Expedition in ein unentdecktes Land zelebrieren, als »tastende und brüchige Versuche, etwas der Reflexion zugänglich zu machen, was unter den Tabuisierungen unserer Eltern, wie unter den Moralisierungen in der linken Diskussion verdeckt blieb«, wie es in der »redaktionellen Vorbemerkung« heißt.

Beim ersten Durchlesen wirken diese »Reflexionsskizzen« wie die Aufzeichnungen eines alternativen Patientenkollektivs. Da ist nicht nur von »Tabuisierungen« und »Moralisierungen« die Rede, sondern auch von »Affekten«, »Kränkungen«, »Verletzungen«, »Traumata«; die Arbeit an dem Heft hatte für das Redaktionskollektiv eindeutig eine therapeutische Funktion: »In jenen Augenblicken der Hilflosigkeit, der nicht bearbeiteten Affekte, waren wir uns, bei allen Kränkungen und Verletzungen, in der redaktionellen Arbeitsgruppe nahegekommen wie schon lange nicht mehr ...«

Aber anstatt die Kränkungen und Verletzungen mit einer Packung Mon Cherie und einer Rolle Hansaplast aus der Welt zu schaffen, führte die redaktionelle Einsatzgruppe ihren selbstgestellten Auftrag ordnungsgemäß aus. Sie konfrontiert die Leser nicht nur mit ihren »eigenen Ungereimtheiten«, was noch verzeihbar wäre, sondern auch mit einem Jargon-Allerlei aus »Verstrickungen«, »Lernprozessen«, »Problemkreisen«, »Identitätskrisen«, »Verarbeitungsanstrengungen« und »Erinnerungsverlusten«. Die unvermeidliche »Betroffenheit« darf in diesem Reigen natürlich nicht fehlen, der »ökonomische Prozeß« muß ebenso beachtet werden wie der »institutionalisierte politische Gesamtzusammenhang«, der mit dem »Schuldzusammenhang« und dem »Verstrickungszusammenhang« nicht verwechselt werden sollte. Ein »Kommunikationsdefizit« taucht auf, wo's darum geht, wer mit wem nicht spricht, die »Trauer säkularer Zerstörungen« steht alleingelassen im Raum umher, es kann sein, daß es sich hierbei um ein »ideologisches Konstrukt« handelt, das irgendwie mit der »Verlängerung der Geschichte« zu tun hat. Und dann die »Vermittlungen«, das neue Modewort, der »Betroffenheit« dicht auf den Fersen. Mal werden »Vermittlungen hergestellt« mal »aufgekündigt«, mal »versucht«, z.B. »mit der deutschen Geschichte ... und zugleich damit mit der schweigenden Mehrheit der Deutschen, an die wir sonst in 100 Jahren noch nicht herankommen werden«.

Was da sprachlich so großkotzig daherkommt und über die Behandlung der »Judenfrage« von der Redaktions- zur Volksgemeinschaft führen soll, fußt auf einem Aha-Erlebnis, das allen Autoren des Heftes gemeinsam scheint. »Mir wurde bewußt, daß die Juden nicht nur Opfer einer unvorstellbaren Barbarei, sondern vor allem lebendige Menschen waren«, schreibt einer der Ä&K-Autoren, dermaßen sein Staunen über die Entdeckung artikulierend, daß keine Schaufensterpuppen vergast worden sind. Und noch etwas anderes läßt ihn staunen: Einige seiner Freunde sind Kinder von »rassisch Verfolgten«, er hat sie aber nie als Juden betrachtet, bis ihm das Buch »Fremd im eigenen Land« in die Finger kam und er dort die Freunde als Autoren wiederfand, wie sie sich mit ihrer Identität als Juden in Deutschland herumschlugen. Dies habe er »mit einiger Betroffenheit« feststellen müssen und es bestürzte ihn, »weil ich das zentrale Problem ihrer Existenz offenbar ›übersehen‹ hatte«; derselbe Autor, dessen persönliches »Kommunikationsdefizit« sich darin äußert, daß er erst aus einem Buch mitbekommt, daß seine Freunde ein Problem haben, über das sie mit ihm nicht reden können, wußte dagegen bis vor kurzem noch ganz genau, daß »die Überwindung unserer deutschen Geschichte in der Solidarität mit den Palästinensern (besteht)!« Inzwischen hat er diese Ansicht revidiert und ist nun der Meinung, »daß die Kinder der Opfer und damit auch der Täter von der Geschichte nicht loskommen«; wenn jemand an sich richtige aber gänzlich banale Einsichten mit dem Stolz eines Bastlers präsentiert, der mit Hilfe einer Batterie und zweier Drähte ein Lämpchen zum Leuchten bringt und dabei so tut, als habe er die Relativitätstheorie entdeckt, dann bekommt die große Geste einen ausgeprägt komischen Zug.

Dies ist auch bei einem anderen Autor der Fall, der außerdem an einem Syndrom leidet, das in der forensischen Medizin unter der Bezeichnung »Geständniszwang« bekannt ist. »In mir, im Düsteren«, schreibt er, »wartet jemand ..., er will heraus mit der Sprache, und ich weiß doch, daß dieser Grundtext, zu dem der da in mir, dieser gefürchtete Spielverderber etwas sagen will, daß dieser Grundtext nicht sprechbar ist.« Dennoch, »aus nacktem Egoismus, gegen eigene Einsicht«, fängt er an zu schreiben, und dabei stellt sich heraus, daß in seinem Inneren, im Düstern, nicht nur einer wartet, der mit der Sprache herauswill, sondern daß auch zwei Seelen in seiner Brust wohnen, die sich gegenseitig auf die Füße treten. Er wundert sich, »daß ich als Kind dieses Molochs ›Deutsche Geschichte‹ trotz NS, Weltkrieg, Auschwitz wie ein ganz normaler Mensch aussehe, mit Augen, Händen, Füßen wie jedermann ...« und er stellt einen Mangel an Gerechtigkeit in der Geschichte fest: »Die Deutschen haben den Moloch wirklich gebaut, und sie haben Millionen in seine Gaskammern und Feueröfen gesteckt. Wenn es einen Gott im Himmel gäbe, hätte er die Deutschen mit Stumpf und Stiel ausrotten müssen ...«

Zugleich aber entwickelt derselbe Autor, der gerne im Plural spricht (»Wir selbst, die Linke, das alternative Deutschland«) und der sich »als Deutscher heimatlos« fühlt, ein groteskes bildungsbürgerliches Potenzgebaren (»Ein Mythos, der mit Konradins Enthauptung in Neapel nach der verlorenen Schlacht von Tagliacozzo begann, konnte Stalingrad und die Selbstmordprobleme im Berliner Führerbunker nicht überleben ...«), dazu eine Wehleidigkeit, die um ebenso viele Ecke gebogen ist, wie zwischen der Enthauptung Konradins im Jahre 1268 und den

Ereignissen im Berliner Führerbunker liegen: »Wenn ich dieses Land nicht lieben würde, gäbe es kein Problem. Das ist kein nationales, sondern ein privates Beziehungsproblem. Ich gebe jedem recht, der in Deutschland nicht leben kann, und dieses Land zu verlassen, ist dann das Beste, was man sich antun kann. Und obwohl ich ihm recht gebe, tut es mir weh. Ich würde so gerne in einem Land leben, daß er nicht verlassen muß, um halbwegs zufrieden leben zu können. Ich kann nicht weg und ich will nicht weg, dieses ist trotz allem mein Land ...« – Ja, ja, wenn ich könnte, wie ich möchte, dann müßte ich nicht, wie ich sollte – hat denn niemand ein Aspirin und ein Erfrischungstüchlein für diesen »deutschen Intellektuellen«, der in einem kurzen Anflug von Klarheit zugibt, »daß wir da zumeist in der Scheiße rühren, nun ja, wem sagt man das, so ist nun mal der Rohstoff ...«

Ein anderer Autor, der sich den Lesern als »ein linker Intellektueller«, ein »aufgeklärter Linker, der nach 1945 geboren wurde«, vorstellt, modelliert seine Ausführungen aus demselben Rohstoff, der offenbar bei der Heftplannung in großer Menge zur Verfügung gestanden hat. Sein Beitrag heißt kurioserweise »Verlängerung des Schweigens«, er hält aber nicht, was er verspricht, weil er der längste und geschwätzigste von allen ist. Als Verdienst kann ihm dagegen angerechnet werden, daß er genug Gründe bietet, um fortan jeden, der sich als »links«, »aufgeklärt« und »intellektuell« bezeichnet, ohne weitere Prüfung zur geistigen Ausnüchterung bei der Zuckerrübenernte zu verpflichten. Die schlichte Tatsache, daß es nach dem Krieg in Deutschland kein jüdisches Leben wie vor 33 mehr gab, wird von diesem aufgeklärten Intellektuellen so umschrieben: »... waren die Juden in Deutschland nach 1945 weder physisch, noch kulturell und sozial mehr quantitativ relevant anwesend«.

Quantitativ relevant anwesend, und zwar sowohl physisch wie kulturell und sozial, waren dagegen jene, welche die Tradition der euphemistischen Umschreibung fortsetzten, wie sie sich sowohl in der Formel »Endlösung der Judenfrage« wie in diesem, 1983 hingeschriebenen Satz äußert. Der Autor gesteht, daß er auf die »überempfindliche, überzogene Kritik von jüdischen Intellektuellen an den deutschen Zuständen« wie ein HSV-Fan auf eine Schmähung seiner Mannschaft reagierte, nämlich mit der »spontanen Bereitschaft, Deutschland zu verteidigen« und mit Stolz »auf eine selbstverständliche Zugehörigkeit zu einem Lebensraum, dessen auch fatale Geschichte in mir ist«. Ausgerechnet von Juden wollte sich dieser aufgeklärte Linke, der nicht einer Krankenkasse, sondern einem Lebensraum angehört, sein »Einverständnis mit Deutschland als Kultur, als eine spezifische Art zu leben und zu denken« nicht miesmachen lassen, von »jüdischen Intellektuellen«, die sich auf eine »selbstverständliche Zugehörigkeit« zu einem Lebensraum nicht berufen können und denen er nachruft, daß sie »aus einer vereinnahmten Opferrolle legitimatorisch Kapital schlagen«. (Was sonst? Fehlt nur noch die bekannte Unterscheidung zwischen »schaffendem« und »raffendem« Kapital.)

Dem Vorwurf, hier alternativen, linken Antisemitismus zu produzieren, kommt der Autor mit einem weiteren Geständnis zuvor. Er gibt zu, daß er einen »massiven antijüdischen Affekt« in sich verspürt. Und dieser »Affekt«, laut Fremdwörterduden eine »Gemütsbewegung« und im rechtlichen Sinne ein strafmildernder Umstand, kommt dann in Fragen zum Ausdruck, zum Beispiel in dieser: »Warum, zum Teufel, müssen die sich immer ausschließen aus der historischen Scheiße, warum können die sich immer aus der Verantwortung befreien?« – Auf diese Frage, die ihren Urheber endgültig als einen aufgeklärten Intellektuellen ausweist, wird vielleicht ein KZ-Überlebender die Antwort geben, einer, der sich zuerst aus der historischen Scheiße, in welche die Deutschen tief und mutig hineingetaucht sind, ausschloß, um sich hinterher von jeder Verantwortung zu befreien.

Der Autor stellt drei Druckspalten lang Fragen solcher Art, hinter deren rhetorischer Unschuld nicht nur sein »massiver antijüdischer Affekt« deutlich wird, sondern auch das Bemühen, die Opfer in eine so intime Nähe zu den Tätern zu bringen, daß die Rollen austauschbar werden. Mit scheinheiligem Augenaufschlag fragt er: »Waren denn nicht die assimilierten Juden in Deutschland auch Teilhaber der herrschenden Klasse? Stand nicht die große Mehrzahl der deutschen Juden aus der Oberschicht auf Seiten der Konservativen, ohne die Hitler nicht an die Macht gekommen wäre? Haben sie nicht als Beamte, Unternehmer, Kleingewerbetreibende und Bildungsbürger die Gegner der Nazis erbittert bekämpft?« So suggeriert er um mehrere Ecken herum, daß es zu einem guten Teil an den Juden gelegen hat, daß Hitler zur Macht kommen konnte. Aber damit ist die »historische Scheiße« und die »Verantwortung«, aus der sich die Juden ausschließen und befreien, noch nicht zu Ende. »Tragen nicht die Juden, die sich auf diese Gesellschaft nach 1945 eingelassen haben, auch einen Teil Verantwortung dafür, was aus diesem Nachkriegsdeutschland geworden ist?«

Spätestens bei der Besichtigung der »Affekte« aufgeklärter deutscher Linker drängt sich einem dieselbe Frage auf, allerdings in der entgegengesetzten Richtung: Ist dieses Nachkriegsdeutschland vielleicht auch deswegen so geworden, weil diese Linken so sind wie sie sind? Wie beschränkt müssen hauptberufliche Dialektiker sein, die zwischen Haupt- und Nebenwidersprüchen zu unterscheiden wissen und die in allem nach Kausalität und Kontinuität suchen, um zuerst den Ausstieg aus der eigenen Geschichte zu verkünden (»Juden – das hätte das zentrale Thema meiner Eltern und ihrer Generation sein müssen ... Ich selber habe als Linker, der zu Kriegsende geboren wurde, damit nicht wirklich zu tun ...«), um kurz darauf zu entdecken, daß man da nicht raus kann wie aus einem Kino, wenn einem der Film nicht gefällt? »Insofern holt uns jetzt, einigermaßen erwachsen geworden, die Last der Geschichte erst richtig ein.«

Es gehört viel Mut und noch mehr Selbstbewußtsein dazu, solche Plattitüden wie philosophische Weisheiten zu präsentieren. Wer so etwas schafft, der schreckt vor nichts zurück. Derselbe Autor, zu Besuch in New Yorks Judenviertel in der Gegend der Hester Street, wird plötzlich von einer anderen Erkenntnis gepackt: »Da haben die Nazis ... mit den Ostjuden ein Stück deutsche Kultur vernichtet.« – Wie bitte? Doch, so steht es da und so ist es wohl auch gemeint. Die Ostjuden können sich gegen ihre späte Veredlung nicht wehren, und was der deutschen Kultur am meisten fehlt, sind nicht die aufgeklärten Intellektuellen, sondern eine Portion Gefillte Fish.

Es ist nicht leicht zu sein ein deutscher Linker ... Wollen sie mit ihrer Geschichte nichts zu tun haben, werden sie als ahistorische Banausen und Ignoranten geprügelt. Nehmen sie sich ihrer Geschichte an, produzieren sie pausenlos Peinlichkeiten auf hohem Anspruchsniveau. Das Heft von »Ästhetik und Kommunikation« über »Deutsche, Linke, Juden« ist ein Harakiri-Unternehmen des verantwortlichen Redaktionskollektivs, ein intellektueller Rohrkrepierer. Aber es ist gut, daß es erschienen ist. Keine Kritik an den traurigen Übungen der aufgeklärten Linken kann so entlarvend sein, wie deren authentische Selbstdarstellung.

Ich liebe Karstadt

Bei der Frage »Lieben Sie Deutschland?« handelt es sich ohne Zweifel um eine »Klotzkasche«, wie man schwierige Fragen auf jiddisch nennt. Eine Klotzkasche kann man nicht mit einem einfachen »Ja« oder »Nein« beantworten, dies wäre stillos und unangemessen, so als würde sich jemand zur Feier eines Lotto-Hauptgewinns eine extra große Portion Pommes frites mit Kaviar statt Ketchup darauf leisten. Eine Klotzkasche muß hin- und hergewogen, mit auf dem Rücken verschränkten Armen überlegt und schließlich am besten mit einer Gegenfrage beantwortet werden. Im vorliegenden Falle könnte die richtige Antwort lauten: »Sollte ich denn?« Sollte ein polnischer Jude, der 23 Jahre seines Lebens in Deutschland verbracht und dabei etwa die Hälfte dieser Zeit damit vertan hat, den »richtigen« Deutschen zu beweisen, daß er der »bessere« Deutsche ist, der seit nunmehr fünf Jahren mit einem deutschen Paß in Israel lebt, noch immer deutsch denkt, spricht und schreibt, sollte er Deutschland lieben, was, so wie die Dinge liegen, nur heißen könnte: an Deutschland leiden? Wozu sollte das gut sein?

Gustav Heinemann hat mal gesagt, er würde nur seine Frau und nicht den Staat lieben. Aus Mangel an anderen, entschieden vernünftigen Äußerungen führender deutscher Politiker wurde der Satz berühmt und wird immer dann zitiert, wenn das schwierige Verhältnis zwischen Staat und Individuum auf seine libidinösen Korrelationen hin überprüft wird. Es soll allerdings Leute geben, die es problemlos schaffen, Frau *und* Vaterland zu lieben, wenn auch aus verschiedenen Gründen und auf verschiedene Weise. Der jüdische Philosoph und Schriftsteller Theodor Lessing, der Deutschland liebte und den die Nazis im Jahre 1933 dafür im Exil ermorden ließen, hat das Thema um eine weitere Einsicht variiert. Man könnte, schrieb er in einem seiner letzten Aufsätze, zwei Nationen genauso gut angehören, wie man zwei Frauen lieben könnte, man müßte nur dafür sorgen, »daß daraus keine Tragödie erwächst«. Ich fand schon immer die Kompromiß-Formel »sowohl-als-auch« viel sympathischer als die alberne Alternative »entweder-oder«. Wo andere einen Widerspruch, einen antagonistischen gar, feststellen, sehe ich die Chance, die Vielzahl der Möglichkeiten auszuprobieren.

Die Liebe zu Deutschland, um die es hier geht, hat, denke ich, einiges mit der neuerdings grassierenden Heimat-Pflege und Begeisterung zu tun. Und dazu fallen mir nur zwei alte jiddische Witze ein. Da fährt ein Jude immerzu von einem Ort zum anderen, hält es nirgendwo lange aus, kaum daß er sich niedergelassen hat, bricht er wieder auf. Gefragt, was ihn so umhertreibt, antwortet er: »Am schönsten ist es unterwegs ...« – Ein anderer Jude fährt in einem Zug und bricht an jeder Station in lautes Klagen aus. »Ojwawoj, wie ist mir, ojwawoj!« Das Klagen wird von Station zu Station stärker, schließlich fragt ihn einer der Reisenden, was er denn habe. »Ich sitz im falschen Zug«, antwortet der Jude, »und mit jeder Station wird die Rückreise länger ...«

Mit der Heimat, vermute ich, ist es noch schlimmer. Da man aus dem Zug gar nicht aussteigen kann, muß man so tun, als habe man die Reise aus freien Stücken angetreten.

Ich habe vor Jahren mal einen Schweizer getroffen, der mir in einem Satz klargemacht hat, warum er gerne ein Schweizer ist. »Bei uns ist der Staat dazu da, den Müll abzuholen und die Pässe auszustellen.« Das reichte, damit er die Schweiz der Bundesrepublik für überlegen hielt, wo der Staat weniger ein Dienstleistungsapparat als ein ideologisches Unternehmen ist, von dem sich die einen ständig distanzieren und mit dem die anderen sich immerzu solidarisieren. Man könnte auch sagen: die Grenze verläuft zwischen denjenigen, die stolz darauf sind, den Radikalenerlaß erfunden zu haben, und denjenigen, die stolz darauf sind, daß er auf sie angewendet wird, weil ihnen sonst niemand ihre Gefährlichkeit für das System glauben, geschweige denn amtlich bestätigen würde. Und mir scheint, daß diejenigen Deutschland am meisten lieben, die vom Gegenstand ihrer Gefühle am konsequentesten verfolgt und aufgerieben werden. Kann es einen stärkeren, überzeugenderen und endgültigeren Beweis für die Liebe zu Deutschland geben, als die Selbstmorde in Stammheim? So viel unerwiderte Zuneigung, so viel Bereitschaft sich aufzuopfern und eine dermaßen totale Zurückweisung durch das Objekt der Begierde, das mußte – wie in jedem großen Liebesdrama – tödlich enden.

Bei mir lagen die Dinge, ohne daß ich etwas dafür konnte, von Anfang an anders. Ich war 11 Jahre alt, als ich in Deutschland ankam, sprach kein Wort Deutsch, und der einzige Ehrgeiz, den ich entwickelte, war, diese Sprache besser zu sprechen, als diejenigen, bei denen ich sie lernte. Nach vier, fünf Jahren war es dann so weit, ich machte meine Lehrer auf deren Fehler im Umgang mit der deutschen Sprache aufmerksam. Von Liebe war, weit und breit, nichts zu spüren, im Gegenteil, ich haßte: die Schule, die ich als einen Kerker empfand, die Lehrer, diese mittelmäßigen Wichtigtuer, meine Mitschüler, lauter Kriecher, Opportunisten und Denunzianten. Das Abitur war eine Erlösung. Nur der Graf von Monte Christo muß sich nach seiner Flucht aus dem Gefängnis freier gefühlt haben. Meine psychosomatischen Beschwerden verschwanden, ich ließ mir einen Bart stehen, nahm an Gewicht zu und legte ein Gelübde ab: Nie wieder ein Examen!

Zwei Lehren nahm ich aus der Schule mit fürs Leben. Die erste war: Man muß sich furchtbar mühen, wenigstens so tun als ob, denn was man mit leichter Hand macht, wird nicht ernst genommen. War ich zum Beispiel nach einer Stunde mit dem Klassenaufsatz fertig, gab die Blätter ab und ging nach Hause, war die Arbeit bestenfalls »befriedigend«. War ich nach einer Stunde fertig, blieb aber sitzen und schaute bis zum Ende der Veranstaltung angestrengt in die Gegend, war derselbe Aufsatz »sehr gut«. Die zweite Lehre war: Man durfte nie etwas »für sich« tun oder wollen. Edel, hilfreich und verlogen mußte der Mensch sein, also hatte er seinen Egoismus hinter Fassaden wie Gemeinsinn, Verantwortungsbewußtsein und Selbstlosigkeit zu verstecken. Wenn man sich geschickt anstellte, konnte man *so* alles für sich erreichen. Unsere Lehrer z.B. hatten fast alle auf große Karrieren als Künstler, Naturwissenschaftler, Zehnkämpfer und Schriftsteller verzichtet, um Generationen von undankbaren und widerborstigen Schülern die Kenntnis der gotischen Baukunst, der Fotosynthese, der lateinischen Grammatik und die korrekte Aussprache des »th« im Englischen beizubringen. Ihre Wehmut über die im Dienste der Volkserziehung verpaßten Karrieren wurde freilich bei weitem von ihrem Interesse an der Zinsstaffel des Beamten-Heimstättenwerks übertroffen.

Ich fand das alles mehr als widerlich und reagierte wie ein Pfau, der lange mit Graugänsen in ein Gehege eingesperrt war. Die Räder, die ich schlug, konnten nicht groß genug sein. Ich ließ mir Visitenkarten drucken, auf denen ich mich als »eines der letzten wirklichen Genies unserer Zeit« vorstellte. Auf meinem Briefpapier stand ein bei Tucholsky geklauter und auf die Spitze getriebener Satz: »Das bißchen, was ich lese, schreib ich mir selber.« – Zu einer Zeit, da man mit dem Wort »ficken« noch einen Theaterskandal auslösen konnte, gründete ich eine Zeitung, die POPOPO (Pop-Politik-Pornografie) hieß, später gab ich eine Flugschrift heraus (BUBU), in der es nur um mich ging. Nichts hätte mich zu jener Zeit mehr beleidigt (»betroffen gemacht«, sagt man heute) als der Vorwurf, seriös zu sein. Aber während ich mit einem solchen Tadel kaum rechnen mußte, stellten sich nach und nach Erfolgserlebnisse ein, die mein Selbstbewußtsein stärkten.

Ein Kölner Staatsanwalt, einer der einfältigsten seiner Sorte, den ich immerzu und absichtlich »Gottlieb« nannte, schickte mir eine Einstweilige Verfügung ins Haus, in der er mir untersagen ließ, ihn weiterhin mit Gottlieb, Gottfried oder ähnlichen unzutreffenden Vornamen zu titulieren. In Wirklichkeit hieß er Klaus. In einem Gremium des WDR kam es zu einer längeren Diskussion darüber, ob man den »Kommunisten Broder« weiterhin als freien Autor dulden könnte, nachdem ein Gremienmitglied in eine Sitzung einen Briefbogen von mir mitgebracht hatte. Da war mein Kopf neben die Köpfe von Marx,

Engels, Lenin, Stalin und Mao gedruckt, wobei die fünf roten Säulenheiligen alle nach rechts guckten und ich als einziger nach links. Ich hatte es unterlassen, diese subtile Pointe in einer Fußnote zu erklären.

Meine erste Vorladung zur Polizei bekam ich, als ich 17 oder 18 Jahre alt war. Ich hatte in der DDR, die damals noch »DDR« bzw. »SBZ« hieß, ein paar Broschüren bestellt, die mir dann auch geschickt wurden, aber statt in meiner Post beim 14. (politischen) Kommissariat landeten und gegen mich den Verdacht einer staatsfeindlichen Aktivität begründeten. Den Beamten, der mich damals vernahm, traf ich danach öfters wieder. Er beobachtete Demonstrationen und schien darüber nicht sehr glücklich, da sie zu einer Zeit stattfanden, zu der er lieber zu Hause gesessen und die Sportschau gesehen hätte. Freundliche Einladungen auf ein Glas Tee oder auch dazu, sich von mir am Ende der Demonstration nach Hause fahren zu lassen, mochte er nicht annehmen. Einmal versuchte er, gewiß in putativer Notwehr, mich im Polizeipräsidium die Treppe herunterzustoßen. Ich habe ihm längst verziehen. Kann man einem »Lebenslänglichen« den Knast-Koller übelnehmen?

Ich übte mich, wo immer es ging, im Auffallen und Provozieren. Das alles hatte mit Liebe zu dem Land, in dem ich lebte, nichts zu tun. Es war ein ständiges Proben für den Ernstfall, von dem ich nicht wußte, wie und wann er eintreten würde, ein Hase-und-Igel-Spiel, bei dem ich natürlich der Igel war, der den Hasen austrickste. Und zugleich war es der in die Praxis des täglichen Lebens umgesetzte Wunsch nach Unterhaltung. Da dies ein Genre ist, das in Deutschland zum weiteren Umkreis von Drogenhandel und Prostitution gerechnet wird und sich deswegen nur in bestimmten räumlich und zeitlich abgegrenzten Sperrbezirken entfalten darf – im Karneval, beim »Blauen Bock« und in den Statements, die Helmut Kohl abgibt – da ich in meiner unmittelbaren Umgebung nicht genug Unterhaltung vorfand, stellte ich sie mir selber her. Es war wirklich einfach, aufzufallen und zu provozieren, Leute zu ärgern, die sich dann mit ihren Reaktionen entblößten. Ich mußte mich dabei kaum anstrengen.

Ohne daß ich es wollte, eskalierten die Dinge manchmal in einer Weise, die der Kölner Volksmund mit dem Satz »Vom Furz zum Fackelzug« so anschaulich beschreibt. Eines Tages wollte ich von Köln nach Zürich fliegen. Der Versuch zweier Tollpatsche vom Bundesgrenzschutz, mir ein Manuskript abzunehmen, war der Auftakt zu einer größeren Affäre, in deren Verlauf bekannt wurde, daß Zoll und Grenzwacht den Auftrag hatten, Bücher und Schriften im Gepäck von Reisenden zu kontrollieren, und an deren Ende der damalige (liberale) Innenminister Maihofer ziemlich lädiert dastand. Ein kurzer Besuch bei einer Strafgerichtsverhandlung und ein anschließender Kommentar darüber im Hörfunk hatten eine mehrjährige Auseinandersetzung mit einem Kölner Richter zur Folge, der eine krankhafte Neigung zum Beleidigtsein hatte. Jeder Bericht von mir wurde von ihm mit einer weiteren Klage beantwortet, jede Klage von ihm mit einem weiteren Bericht von mir. So schaukelten wir uns gegenseitig hoch, bis ein justizinternes Papier aus der amtlichen Versenkung auftauchte, aus dem hervorging, daß der Richter (»Ein Mann von internationalem Verruf ..., selbstgerecht, grob und unbarmherzig«) die Strafrechtspflege als ein Mittel zur Aufrechterhaltung seiner angeschlagenen Gesundheit ansah. Spät aber immerhin wurde er von seinen Vorgesetzten, die alle seine Taten und Untaten bis dahin solidarisch gedeckt hatten, aus der Schußlinie genommen und an eine Zivilkammer versetzt, wo er ohne die Genugtuung auskommen mußte, über die Belegung von Zellen im Kölner Gefängnis entscheiden zu dürfen.

Ich hatte bei all diesen Geschichten keine Ahnung, wohin sie führen würden. Es war jedesmal eine Reise ins Blaue und die Fahrt war wichtiger als das Ziel. Rückblickend betrachtet glaube ich, daß ein querulatorischer Grundzug, den ich von meinem Vater geerbt habe, sich mit exhibitionistischer Eitelkeit und dem typisch jüdischen Hang zur Rechthaberei verband. Aber dahinter steckte, heute weiß ich es, noch etwas anderes. Außerhäusige Autorität galt nie viel in jüdischen Familien und deutsche Autoritäten waren nicht nur von vorneherein verdächtig (»Was hätte der vor 40 Jahren gemacht?«), sondern auch von Natur aus prädestiniert, gerechten wie ungerechten Zorn auf sich zu ziehen. Was mir zu der Zeit, da ich mich gradezu zwanghaft mit Stadtdirektoren, Richtern, Polizeipräsidenten und anderen Vertretern der Amtsgewalt anlegte, nicht bewußt werden konnte, war das janusköpfige Motiv meines Aktionismus. Zum einen wollte ich antiautoritärer, frecher, störrischer sein als meine original deutschen Freunde, um mir auf diese Weise die Anerkennung meiner »Dazugehörigkeit« zu verschaffen, zum anderen mußte ich die ausgebliebene Auseinandersetzung mit meinen Eltern auf irgendeine Weise kompensieren.

Ein jüdisches Kind, das 1946 geboren wurde, ist im Umgang mit seinen Erzeugern auf vielfache Weise gehandikapt. Während meine deutschen Freunde ihre

Eltern entweder fürchteten oder haßten, hatte ich meinen Eltern gegenüber ein ständiges Schuldgefühl.

Zu fürchten oder zu hassen gabs da nichts, das hatte sicher seine Vorteile, aber auch einen schrecklichen Nachteil: Ich konnte nicht mit der Faust auf den Tisch schlagen und »Rutscht mir den Buckel runter!« schreien, wenn ich mal wieder, was ziemlich oft vorkam, ihre Erwartungen an mich nicht erfüllen konnte. Was hatten diese armen Leute gelitten, was hatten sie bis 1945 alles mit- und durchgemacht, was für Hoffnungen hatten sie in mich gesetzt – ich war der Beweis dafür, daß nicht nur das Leben, sondern auch das Überleben einen Sinn hat. Verweigerte ich mich ihnen (und wenn es nur eine solche Bagatelle war, wie die Weigerung, mir die Haare zu schneiden oder mit ihnen nach Bad Kissingen zu fahren!), wußten sie nicht mehr, wofür sie eigentlich lebend aus dem KZ gekommen war. Sie hatten *meinetwegen* überlebt und ich war nicht mal bereit, zum Friseur zu gehen, damit sie sich vor den Nachbarn wegen meiner schulterlangen Haare nicht schämen mußten. Mein »Fehlverhalten« und die Reaktionen, die es auslöste, standen in einem grotesken Mißverhältnis zueinander. Sich unter solchen Bedingungen konsequent und radikal gegen die Eltern aufzulehnen, ist so gut wie unmöglich, versucht man es dennoch, werden die vorhandenen Schuldgefühle ins Gigantische gesteigert. In einer solchen Lage gibt es nur zwei Auswege: Entweder man legt sich eine eigene Familie zu, um den Druck der Schuldgefühle auf die nächste Generation abzuwälzen, oder man sucht und findet Ersatzobjekte, die man ohne Schuldgefühle angreifen, quälen und »killen« kann. Und genau das habe ich, ohne genau zu wissen warum, getan. Die Kämpfe, in die ich mich stürzte, entspannten mein Verhältnis zu meinen Eltern und stärkten mein Selbstbewußtsein der Umwelt gegenüber. Ich fühlte mich wie ein Robin Hood im Paragrafenwald. Die Gefahr, dabei ein Michael Kohlhaas zu werden, kam mir nicht in den Sinn.

Auch wenn ich nun nachträglich die Erinnerungen schöner färbe, als die Ereignisse gewesen sein mögen, wenn ich mich also so verhalte wie ein Verdun-Veteran, der rückblickend findet, das Ganze sei ein großer Spaß mit viel Piff-Paff gewesen, so bin ich ziemlich sicher, daß die Bilanz per Saldo positiv ist, daß mir all die kleinen Siege und die Niederlagen eher genutzt als geschadet haben. Ich habe mich und noch ein paar andere gut unterhalten, ich habe gelernt, mich zu schlagen, nicht nachzugeben. Dabei habe ich im Grunde genommen nichts riskiert. Ich bin rechtskräftig vorbestraft, wegen Beleidigung eines deutschen Richters. Aber das ist in diesen Tagen so viel wert, wie früher ein Schmiß nach einer Mensur. So betrachtet, hätte ich genug Gründe, Deutschland zu lieben, so wie ein Sohn seinen strengen Vater liebt, an dem er sich abarbeitet, gegen den er anrennt, den er verflucht, aber ohne den er nicht das geworden wäre, was er ist. Ich hätte zumindest Grund zur Dankbarkeit. Aber statt Liebe oder Dankbarkeit stellt sich ein anderes Gefühl ein. Aus der Ferne sehe ich dieses Land. Und es macht mich staunen.

Nach fünf Jahren in einem Land, das sich leichtsinnigerweise für eine europäische Enklave mitten in der asiatischen Wüste hält, fange ich an, jene Eigenschaften zu schätzen, die ich früher verachtet habe: Pünktlichkeit, Zuverlässigkeit, Ordnung. Wann immer ich auf eine israelische Bank oder ein israelisches Postamt gehe, denke ich mir, das ist die Strafe dafür, daß ich mich früher über die »German efficiency« dermaßen lustig gemacht habe. Jedesmal, wenn ich in der Schlange vor der Supermarktkasse warten muß, weil die Kassiererin die Code-Nummer, die sie eingeben muß, nicht finden kann oder den Preis mit der Code-Nummer verwechselt, was den Kassencomputer vorübergehend außer Betrieb setzt, in solchen Momenten wünsch ich mir dann, ich wär in der Lebensmittelabteilung bei Karstadt in Köln. Und jedesmal, wenn ich nach Köln komme, um meine Mutter zu besuchen, renne ich als erstes in die Karstadt-Lebensmittelabteilung und staune: Was für eine Ordnung! Was für eine Auswahl! Was für ein Überfluß! Diese nicht endenwollenden Theken mit Käse, Wurst und Konserven! Wie geschmackvoll präsentiert! Und wie billig! Ich führe mich auf, wie die DDR-Deutschen, die zum ersten Mal ins KaDeWe am Kudamm gehen. Nach zwei, drei Tagen im Konsumrausch habe ich mich dann beruhigt, und statt die Bundesrepublik als eine Art großen Warenkorb zu betrachten, kann ich meine Aufmerksamkeit substantielleren Dingen widmen.

Was mir dann sofort ins Auge springt, ist, wie verantwortungsbewußt die meisten Deutschen sind. Wenn sie nicht gerade »betroffen« sind, tragen sie Verantwortung. Am liebsten für andere. Neulich kam ich an einem Tag in der Bundesrepublik an, an dem Hans Dietrich Genscher im Bundestag eine Rede über die Ausländerfrage hielt. Er sprach von »unseren ausländischen Mitbürgern« und meinte, es sei ein Beweis für verantwortungsbewußtes Handeln, wenn sie jetzt nach Hause geschickt würden, dies läge in deren eigenem Interesse. Kein Mensch lachte über diesen logischen Flic-flac.

Am nächsten Tag fuhr ich mit dem Zug nach Bremen. Im Abteil waren kleine Poster über den Sitzen. Eins warb für Bad Salzuflen, eins für die Innere Mission und auf dem dritten war zu lesen: »15 Millionen auf der Flucht. Ohne Heimat, ohne Nahrung, ohne Schule, ohne Zukunft. Flucht aus Hunger, weil die Heimat ihre Menschen nicht mehr ernähren kann, Flucht vor Kriegen und Bürgerkriegen. Flucht, um der Knechtschaft von Diktaturen und Ideologien zu entrinnen. Und Flucht, weil die eigene Religion, das Volkstum oder die Rasse unterdrückt wird. Flucht ...« – Es hätte nicht geschadet, wenn gesagt worden wäre, wer da vor wem fliehen muß, woher und wohin, aber das kleine Plakat war wohl weniger als eine aktuelle Information, sondern als ein Zeichen von universalem Verantwortungsbewußtsein gemeint. Sollte früher am deutschen Wesen die ganze Welt genesen, so möchte heute das deutsche Wesen an der Welt genesen, indem es sich ständig für verantwortlich bzw. betroffen erklärt.

Ich nahm dann an einer Tagung der deutsch-israelischen Gesellschaft in Ostfriesland (das gibts!) teil, bei der unter dem Motto »40 Jahre danach – Genesis und Fortgang einer belasteten Beziehung« das deutsch-jüdische bzw. deutsch-israelische Verhältnis diskutiert wurde. Etliche Tagungsteilnehmer waren gekommen, um die Verbrechen der Nazis an den Juden mit denen der Israelis an den Palästinensern zu vergleichen, und auch diejenigen Gäste, die nicht so weit gehen mochten, erklärten sich für das Schicksal der Palästinenser verantwortlich. Wenn die Deutschen die Juden damals nicht verfolgt hätten, meinten sie, würden die Juden heute die Palästinenser nicht verfolgen, also sind die Deutschen in einer Art von historischem Durchgriff für das verantwortlich, was mit den Palästinensern passiert, woraus dann eine besondere Rechtfertigung erwächst, den Israelis zu sagen, wie sie sich den Palästinensern gegenüber verhalten sollen. Dies sei, lautete die weitere Begründung, im weitesten Sinne ein deutsches Problem, das eben zufällig im Nahen Osten stattfindet. (In einem Aufsatz zum gleichen Thema fand ich die bemerkenswerte Formulierung, der Boden der deutschen Geschichte reiche bis nach Palästina).

Ich stimmte zu und schlug eine Erweiterung des Verantwortungsbereichs auf Togo, Sansibar und die Sowjetunion vor. Togo war bis 1914 deutsche Kolonie, Sansibar wurde 1890 mit England gegen Helgoland getauscht, und hätten die Deutschen Lenin nicht in einem plombierten Eisenbahnwaggon nach Rußland geschickt, damit er dort seine revolutionären Ideen verbreitet und das zaristische Regime schwächt, gäbe es heute keine Sowjetunion, wäre Osteuropa nicht kommunistisch, Königsberg immer noch deutsch, Berlin nicht geteilt und im ZDF-Magazin würden nicht immerzu Dissidenten aus der DDR vorgestellt werden.

Das Verantwortungsbewußtsein scheint eine Droge zu sein, die das Bewußtsein der Dealer wie der Kunden gleichermaßen benebelt. Eines der absurdesten Zeugnisse dieser Art stammt aus der Feder von Wibke Bruhns, die sich nach vierjähriger Tätigkeit als »Stern«-Korrespondentin in Israel mit einem letzten Gruß (»Abschied ohne Hoffnung«) auf den Weg nach Washington machte. Nachdem sie den Lesern etliche Male ihre generelle »Betroffenheit« über die Zustände in Israel versichert, sich über die Rücksichtslosigkeit der israelischen Autofahrer ebenso wie über die Sturheit der Juden und Araber, die zu keinem Kompromiß bereit seien, beklagt und als repräsentative Vertreter der öffentlichen Meinung ihren Schuster und Fischhändler genannt hatte, beendete sie ihren »Abschied ohne Hoffnung« mit der Feststellung: »Nichts ändert sich, ich kann nichts ändern, folglich ist es in Ordnung, wenn ich jetzt gehe ...« –

Wibke Bruhns hätte es sich auch einfach machen und von Jerusalem nach Washington, wohin sie vom »stern« versetzt wurde, gehen können, ohne diesen Ortswechsel zu begründen. Aber sie zog es vor, ihre Verantwortung zu betonen. Und weil das Scheitern nach vergeblichem Bemühen moralisch höher im Kurs steht, als jeder Erfolg, weil der Held erst seine eigene Tragik erfahren muß, bevor er aufgeben darf, fühlte Wibke Bruhns sich erst dann frei, aus Israel wegzugehen, nachdem es ihr nicht gelungen war, den israelisch-arabischen Konflikt zu lösen oder wenigstens den Israelis bessere Manieren im Straßenverkehr beizubringen. »Nichts ändert sich, ich kann nichts ändern, folglich ist es in Ordnung, wenn ich jetzt gehe ...«

Ist gebongt, Wibke, möchte man ihr nachrufen, wir nehmen es dir nicht übel! Du hast es ja versucht! »Einen Busch Rosmarin, im Topf«, so der letzte Satz, nimmt sie noch mit und schon ist sie in einem Pan-Am-Clipper hoch über den Wolken, Kurs Nordwest, neuer Verantwortung entgegen. Wer würde sich da noch trauen, in das leise Klimpern der Eiswürfel im Chivas-Regal-Glas die banale, von einem völligen Mangel an Verantwortungsbewußtsein zeugende Frage zu stellen, seit wann es denn die Aufgabe von Korrespondenten ist, die Verhältnisse, über die sie berichten sollen, zu verändern?

Das erstaunlichste an solchen Übungen ist eine Art Dr. Jekyll/Mr. Hyde-Effekt. Das heißt, die schlimmsten Vorurteile werden einem ausgerechnet von Leuten bestätigt, von denen man es am wenigsten erwartet. Irgendwo im Gemüt der Menschen muß es eine »responsible Zone« geben, die mit den Schwellkörpern des Verantwortungsbewußtseins gekoppelt ist und bei Berührung unkontrollierbare Reaktionen auslöst. Früher hätte mich ein solcher Artikel wie der von Wibke Bruhns maßlos empört und ich hätte mich über alles, was auch nur im entferntesten an deutschen Größenwahn und Übermut erinnert, ebenso lustvoll wie endlos aufgeregt. Nun hab ich aber inzwischen eine mehrjährige Entziehungskur hinter mir, die mein Verhältnis zu Deutschland auf eine angenehme Weise entspannt hat. Und seit ich von einem israelischen Sicherheitsbeamten im Jerusalemer EL-AL-Büro den Satz »I am only doing my duty« gehört habe, weiß ich, daß »typisch deutsche« Verhaltensweisen nicht nur auf dem Boden des deutschen Gemüts gepflegt werden.

Ich rege mich nicht mehr (bzw. nicht mehr so heftig) auf, aber ich registriere immer noch: Wenn zum Beispiel der Kameradschaftsverband der »Leibstandarte Adolf Hitler« der ehemaligen Waffen-SS als gemeinnützig anerkannt wird und ein Kriegsdienstverweigerer als solcher nicht, da es ihm an der »besonderen Sensibilität für den unbedingten Schutz des menschlichen Lebens mangelt«, was er, nach Ansicht der amtlichen Gewissensprüfer, dadurch gezeigt hat, daß er einen Führerschein hat und Auto fährt; wenn der Bundesgerichtshof entscheidet, die Parole »Türken raus!«, mit Hakenkreuzen geschmückt, erfülle nicht den Tatbestand der Volksverhetzung, da hierbei, anders als bei der Parole »Juden raus!«, »allgemein bekannte geschichtliche Erfahrungen fehlen«, die Türken also, wie es ein an Stammtischen beliebter Witz meint, noch das vor sich haben würden, was die Juden bereits hinter sich haben; wenn ein Oberverwaltungsgericht in einem Verfahren um die Indizierung eines Buches, in dem die Nazis von jeder Verantwortung am Zweiten Weltkrieg reingewaschen werden, die Indizierung mit der Begründung aufhebt, die in dem Buch dargestellten historischen Ereignisse seien so beschaffen, daß »deren wissenschaftliche Beurteilung noch im Fluß ist«, was heißen soll: Die Frage, ob Hitler und die Nazis den WK 2 verschuldet haben, ist noch nicht beantwortet.

Das alles treibt mich nicht mehr so in Rage wie früher, aber es ist mir auch nicht ganz egal. Ich habe ein ambivalentes Verhältnis zu Deutschland, es wird weitgehend davon bestimmt, mit welchen Deutschen ich es grad zu tun habe. Nach einem Seminar bei der deutsch-israelischen Gesellschaft unter lauter Menschen, die deswegen so unerträglich sind, weil sie es so gut meinen, bin ich überzeugt, das Beste, was Deutschland zu bieten hat, sind die Creme-Schnitten aus dem Kölner Cafe Jansen. Aber dann treffe ich plötzlich junge christliche Theologen, die so gründlich und dabei so undogmatisch denken, wie ich es bei deutschen Linken nie erlebt habe. Ich bin beeindruckt, ich freue mich. Ob Kanzler Kohl nach Bitburg geht oder nicht, ist völlig unwichtig, weil ich die Unterscheidung zwischen der »anständigen« Wehrmacht und der »bösen« SS für eine dumme Haarspalterei halte. Aber die Rede von Richard von Weizsäcker zum 8. Mai könnte doch ein Hinweis dafür sein, daß dieser Kohl, der Bitburg und Bergen-Belsen auf eine Formel bringt, vielleicht doch nicht so repräsentativ ist für dieses Deutschland, wie es manchmal ausschaut.

Ich habe mich richtig gefreut, als ich in Israel las, daß der erste Versuch einer Volkszählung in der Bundesrepublik durch einen breiten Widerstand an der Basis unmöglich gemacht wurde. Ich dachte: Vielleicht haben »diese Deutschen«, und zwar nicht nur die bekannten Protest-Hanseln, die ihre Namen unter jeden Aufruf setzen, wirklich dazu gelernt, vielleicht haben sie begriffen, daß sie dem Staat mißtrauen und mit dem Neinsagen beizeiten anfangen müssen, statt hinterher zu jammern, sie seien getäuscht und verführt worden. Und deswegen finde ich viele Aktionen, so klein-klein und am Ende auch erfolglos sie sein mögen, eindrucksvoll und nötig. Ob nun in Köln 16 alte Platanen, die einer Tiefgarage weichen sollen, besetzt und gegen das städtische Abholzkommando verteidigt werden, oder ob die Tierschützer gegen Tierversuche sturmlaufen und gelegentlich auch mal ein Pharma-Labor auseinandernehmen. Jede Übung im Anti-Obrigkeits-Verhalten, jede Gehorsamsverweigerung gegenüber den Vertretern der Staatsgewalt und anderer Ordnungskräfte ist ein gutes Zeichen, ein politischer und psychologischer Schritt vorwärts – in einem Land, in dem Dagegensein an Hochverrat grenzt und Nicht-aus-der-Reihe-Tanzen als Tugend gilt. In dieser Beziehung hat sich in Deutschland einiges geändert, und zwar zum Guten.

Aber: auch mit den »antiautoritären« Aktionen, die ich nicht nur abstrakt gut, sondern auch praktisch richtig finde, habe ich meine Schwierigkeiten. Ich hätte mich an der Besetzung der Platanen ebensowenig beteiligt wie an einer Aktion gegen Tierversuche, so schön ich die Bäume, an denen ich neun Jahre lang auf dem Weg zur Schule vorbeigefahren bin, fand und so gern ich Tiere gegen die Brutalität der Menschen in Schutz nehmen möchte. Der Grund ist ganz einfach: Bei den älteren Leuten, die sich in Köln so leidenschaftlich für die Rettung der Bäume einsetzen, hätte ich mich fragen müssen, wo sie denn waren und was sie unternommen haben, als meine Mutter in einem Viehwaggon von einem KZ zum anderen gekarrt wurde. Und bei den jüngeren Leuten, die Hunde und Katzen aus den Zwingern der Versuchslabors befreien, würde ich mich fragen, ob sie ebenso entschlossen handeln würden, wenn heute wieder Juden und Zigeuner eingesperrt würden. Bei den älteren wäre die Frage eine rhetorische, die Antwort wurde bereits von der Geschichte gegeben. Und bei den jüngeren, fürchte ich, würde der Test nicht anders ausfallen als es bei den älteren der Fall war. Es kann sein, daß ich vielen damit Unrecht tue, aber das Mißtrauen sitzt tief und wird durch eine Vielzahl kleiner Beobachtungen und Erfahrungen, die ich unter den friedlichsten Bedingungen machen konnte, immer wieder aufs neue bestätigt. Und wenn ich dann in einem Buch, das unter praktizierenden Tierschützern als Standardwerk geschätzt wird, den Satz lese: »Der Wunsch, andere das erleiden zu lassen, was man selbst erduldet hat, erklärt aber auch, daß sich gar nicht so selten Juden unter den Tierexperimentatoren befinden ...«, dann kann ich der Zustimmung meiner Katze und meines Hundes sicher sein, wenn ich mich auf die Verläßlichkeit der deutschen Tierschützer Juden gegenüber nicht zu sehr verlasse.

Und manchmal passiert etwas, das alle meine Ambivalenzen gleichzeitig zum Vibrieren bringt und mir zeigt, daß meine Entziehungskur auch nach Jahren noch nicht abgeschlossen ist. Vor einiger Zeit hat der Vorstand des deutschen PEN-Zentrum beschlossen, mich dazu zu wählen. Dies wurde mir umgehend von einem älteren Freund aus der Schweiz mitgeteilt und ich muß gestehen, ich fühlte mich geehrt. Aber dann kam es doch anders. In einem ziemlich einmaligen Vorgang trat der Vorstand noch einmal zusammen, um meine eben erfolgte Zuwahl wieder rückgängig zu machen. Der Frankfurter Autor Horst Krüger hat diese Geschichte bei einem Literatur-Seminar in Haifa referiert. Die linke Fraktion im PEN, vertreten durch solche gestandenen Klassenkämpfer und Feinschmecker wie Margarete Mitscherlich und Gert von Paczensky, mochte mich in das PEN-Zentrum nicht aufgenommen wissen, da ich die Linke in der Bundesrepublik durch den Vorwurf des »verdeckten Antisemitismus« diffamiert hätte. Krüger und mit ihm die Minderheitsfraktion im Vorstand waren über solchen »Konformismus des linken Mitläufertums« entsetzt aber numerisch unterlegen und hilflos.

Als ich von diesem »Vorgang« erfuhr, war ich – seltsam, seltsam – stolz und beleidigt zugleich. Der kleine Opportunist in der Tiefe meiner Seele, der selbst von den Leuten, die er in den Arsch tritt, noch anerkannt und geliebt werden möchte, fühlte sich vor den Kopf gestoßen, verkannt, zurückgewiesen, ungerecht behandelt. Und zugleich schwebte das ostjüdische Ghettokind, das es in die westliche Zivilisation verschlagen hatte, vor Stolz und Begeisterung über sich selbst einen Meter über dem Boden. Das muß also doch genau getroffen und ordentlich wehgetan haben, dachte ich, was ich über die linken und bürgerlichen Salon-Antisemiten, welche über die Stufe des »verdeckten Antisemitismus« längst hinaus sind, geschrieben habe, wenn sie sich nun nicht anders gegen mich zu wehren wissen als mit den Mitteln des Vereinsrechts. Wie wenig selbstsicher und gelassen doch die Stützen der Meinungsfreiheit sein können, wenn es um sie selber geht und wie schnell bereit, sich jener Mittel zu bedienen, die sie sonst als »reaktionär« und »repressiv« denunzieren. So äußerte sich nicht nur ein verständliches Verantwortungsbewußtsein fürs eigene Renommee, sondern auch ein Sinn für solidarische Gerechtigkeit dem (Volks)-Genossen gegenüber, der sich gegen einen zwar begründeten aber grade deswegen unerhörten Vorwurf zur Wehr setzen muß.

Und dieser Gerechtigkeitssinn ist eine grenzüberschreitende Philosophie, ebenso wie das Verantwortungsbewußtsein. Wer seinen Sinn für Recht und Unrecht an kleinen Exempeln in sein' Verein hat trainieren dürfen, der kann einfach nicht schweigen, wenn es irgendwo in der großen weiten Welt ungerecht zugeht. Mag der Boden der deutschen Geschichte nur bis nach Palästina reichen, der Gerechtigkeitssinn ist ein globaler Golfstrom, der bei Husum anfängt und – Schleswig-Holstein, meerumschlungen – nach einer vollen Erdumrundung in Eckernförde endet. Und dazwischen wächst deutscher Rosmarin, nicht im Topf, sondern heckenweise.

In ein paar Wochen fahr ich wieder nach Köln. Auf meinem Einkaufszettel stehen Kaffee und Tee, Ovomaltine und Kakao, Süßstoff und Schokolade, Mottenstreifen und Alufolie, Senf und Meerrettich, Tipp-Ex und Tesa-Film.

Ich freue mich schon auf Karstadt.

Im Ölbaum-Verlag sind außerdem erschienen:

Amos Kenan:
Der Weg nach En Harod

Roman

Ein spannender Polit-Thriller aus dem Israel von morgen.
160 Seiten, fest gebunden mit Schutzumschlag, DM 32,–.

Der Jüdische Kulturkalender

Ein Almanach für jüdisch-deutsche Kultur
und Geschichte.
Erscheint jährlich im August.
280 Seiten, Taschenbuch, DM 14,80.